Super Great

Grab A Pencil®

LARGE PRINT

Sudoku

Richard Manchester

BRISTOL PARK BOOKS/NEW YORK

Visit www.pennydellpuzzles.com for more great puzzles

Originally published as *Great Big Pencil Pastimes
Large Print Sudoku*

This Bristol Park Books edition published in 2020

Bristol Park Books
252 W. 38th Street
NYC, NY 10018

Bristol Park Books is a registered trademark of Bristol Park
Books, Inc.

Published by arrangement with Penny Publications LLC

ISBN: 978-0-88486-734-0

Printed in the United States of America

CONTENTS

PUZZLES

SOLVING DIRECTIONS

Standard Sudoku: To solve, place a number into each box so that each row across, each column down, and each small 9-box square within the larger diagram (there are 9 of these) will contain every number from 1 through 9. In other words, no number may appear more than once in any row, column, or smaller 9-box square. Working with the numbers already given as a guide, complete each diagram with the missing numbers that will lead to the correct solution.

EXAMPLE

		7	9					1
	2	3	8			6	7	
		6		2	7			
	7	8		5				
	5		2		6		3	
			1			9	5	
			6	3		8		
	8	4			9	2	1	
2					1	3		

EXAMPLE SOLUTION

8	4	7	9	6	3	5	2	1
1	2	3	8	4	5	6	7	9
5	9	6	1	2	7	4	8	3
9	7	8	3	5	4	1	6	2
4	5	1	2	9	6	7	3	8
6	3	2	7	1	8	9	5	4
7	1	9	6	3	2	8	4	5
3	8	4	5	7	9	2	1	6
2	6	5	4	8	1	3	9	7

GETTING STARTED

Look at the ninth column of the example puzzle to the left. There are clues in the puzzle that will tell you where, in this column, the number 3 belongs.

The first clue lies in the eighth column of the diagram. There is a 3 in the fifth box. Since numbers can't be repeated in any 3 x 3 grid, we can't put a 3 in the fourth, fifth, or sixth boxes of the ninth column.

We can also eliminate the bottom three boxes of the ninth column because there's a 3 in that 3 x 3 grid as well. Therefore, the 3 must go in the second or third box of the ninth column.

The final clue lies in the second row of the diagram, which already has a 3 in it. Since numbers can't be repeated within a row, there's only one box left for the 3 — the third box of the ninth column.

Continue in this manner, using the same type of logic and elimination, until the puzzle grid is completely filled in.

1

7	3	8			6			9
	6		7	9		3		
		4			1	6		
	1	5		2	7		6	
				1				
	7		5	3		2	4	
		3	9			5		
		7		5	3		9	
9			4			7	3	2

2

		7	8			6	2	1
5		8			1			
4		2		7			8	5
9		3		4			1	
			9		8			
	8			6		7		4
8	2			3		1		9
			6			5		8
6	3	9			5	2		

3

		3	2	7	1		8	
	9						7	6
		5	6				2	
	3	6	5	1				8
1				9				3
8				6	3	2	4	
	8				7	9		
5	6						3	
	2		4	3	6	8		

EASY

4

9	1	3			8	5		
			7				8	9
	6	8			4			2
	4	5		7		2		1
			6		1			
1		6		4		8	7	
5			3			1	9	
8	7				6			
		1	4			7	2	8

5

				5		2		
	1				7		4	
	3		4		9	6		7
2	6		1					3
3			8	6	5			9
4					2		5	6
7		4	3		1		6	
	9		5				1	
		8		7				

6

	5			4			7	
7	2			9		4		1
8		4			1	6		3
	3		8			2		6
			4		6			
4		8			2		1	
5		2	3			1		7
9		3		6			2	4
	1			5			3	

7

5			8					2
3					7		5	1
	8	9	1	2			6	
	4	1	3	9				
9		6				7		4
				1	4	6	3	
	5			7	1	9	4	
1	7		4					6
2					8			5

8

	7		1	6				
3		6			4	1		
	1		3			9	5	
1		3	5	2				8
5		7				4		2
6				4	9	5		1
	6	8			1		7	
		5	4			6		9
				9	7		8	

9

2	5		4			8		1
			7	9			2	
6	4				2			7
	8	1	3	5		9		
		4				3		
		3		8	1	7	5	
8			2				4	5
	7			4	3			
4		5			8		7	3

10

4					9		2		8
		6				1		9	
	2		7	6				5	
	3	1				2		7	9
2			6			7			5
7	4		1				6	3	
	8			7	5			2	
	6		3				9		
3		9		2					1

11

	5	3	4		6			9
	7	8				4		3
1				2	3			6
			2	1			9	5
		1				7		
4	3			5	9			
8			9	3				4
3		4				9	5	
9			6		5	1	3	

12

3		2					6	
	8				6		3	4
		6	2	8		1		9
1				7			2	3
	7		1		9		5	
5	3			6				8
8		5		4	1	3		
9	4		5				8	
	1					5		2

13

2			3		4		5	
9				8		7		6
	3			7		9		2
			5			3	8	
		7	9	6	8	2		
	9	4			1			
4		9		5			7	
7		1		2				5
	6		7		9			8

14

	8					4		
7	2			8	6	1		
		9	1		2			3
		8		3	7		5	
	4	2		6		7	1	
	7		2	1		6		
2			8		3	9		
		7	4	5			2	6
		1					8	

15

	8		9		4		1	2
	1	2		7				
		5	6	2				4
	4		3		2	6		
8				6				9
		6	4		9		3	
7				9	6	3		
				5		8	9	
9	6		1		8		5	

EASY

16

1	7				8		2	
		2	4	5			6	
		5				3	7	4
8	5				2			
		9	7	4	6	5		
			5				3	1
7	6	1				2		
	9			7	4	8		
	2		1				5	9

17

4			3		8	9		
		6					5	4
		9	4			1		2
8			6			7	1	
	3		7	1	4		9	
	2	7			5			6
7		2			3	6		
5	6					8		
		8	2		1			3

18

	7		8	9		1		
8	5			4	1		9	
2						4		6
	6		7			3		8
			9	6	3			
4		7			2		1	
5		3						4
	4		1	7			3	2
		8		3	9		6	

19

				7	9		5	6
		9	8				7	1
5		6			2		8	
		8	9		4	1		
6		7				9		3
		3	7		1	5		
	3		1			6		2
7	6				3	8		
4	9		6	2				

20

			2	7			8	9
		5	6			4	3	
7	9			3	1			
3		4	5				9	
2			7		4			8
	5				8	6		2
			9	2			1	6
	7	9			6	5		
6	1			5	3			

21

	1	9	5		4			3
		8			6	2	9	
				2	8			7
6	9			1				2
		7	8		5	9		
1				6			3	4
4			7	9				
	3	1	6			4		
9			4		3	5	2	

22

	7		3					8
		3	4	6	8			9
5		8						6
	8	2	5	3				
3	9			8			1	5
				2	9	8	6	
7						9		1
8			1	7	3	4		
1					5		3	

23

4						2		
	3		5			6		1
	1	8	6	4	3			
			1		2	4		5
6		1		3		7		2
7		5	4		9			
			2	1	6	9	3	
3		2			7		5	
		9						6

24

	1	8		4				6
		9			7		8	
7			1	2		3	9	
		5	3			1		8
	8		4		6		3	
6		7			5	9		
	7	6		8	3			4
	4		2			6		
9				6		8	1	

25

		7	1			9	6	2
	1		2			5		
9			3					8
8	6			9		7		4
	2		7		6		8	
7		3		8			2	5
3					4			6
		6			5		4	
2	4	9			3	8		

26

7	8				6			2
	5						1	
		2	3	5	8			9
	2			6		5		4
5			2	4	7			1
3		4		9			8	
8			5	2	9	3		
	4						7	
9			7				2	5

27

				3		2	9	6
3	9			1		4		
8	5				4			
2		4			9	8	5	
			2	8	6			
	8	7	4			1		2
			5				2	9
		9		2			1	7
7	2	3		9				

28

		5	9		6	3		8
9		1	8					
				4	2	6		
1				6	3		5	
	2	4		5		8	1	
	7		1	8				6
		8	3	2				
					5	1		2
7		2	6		8	5		

29

2				4	1			
4	9				2	6	8	
	3	7	8					
7		8	5	2			9	
3				8				6
	5			3	4	8		2
					5	3	2	
	6	4	2				5	7
			7	9				1

30

		2		5	4	1		
3		8	2				4	
7	4		6	9				
	8		1		2		9	
	6	7				4	2	
	1		4		9		3	
				2	5		6	8
	2				1	3		9
		9	3	8		2		

31

1	5	2			7		9	
			4			2		7
		9		5	6		3	
	9	4	8	6				1
3								5
	1			3	9	8	4	
	3		5	4		6		
4		5			8			
	8		9			5	2	4

32

		9			2		1	5
					7		3	8
5	6		9		8		2	
2				9		4		6
		8	2		4	1		
6		7		8				2
	7		5		9		6	1
1	3		4					
9	2		8			5		

33

7		9	3					2
				5	8		7	
	3	6	1	7				4
			2		4		6	8
		4		3		5		
1	2		6		5			
9				2	1	6	4	
	1		5	6				
6					7	8		3

34

3				5	6	9		1
	6	1				5		8
			7		2			
6			9				5	3
		5	1	2	4	6		
1	8				5			2
			5		7			
8		6				3	9	
4		2	6	3				5

35

		3			1		7	
9			7		8		2	6
6		5	2			9	8	
			3	1		7		
	5	4				8	1	
		9		7	4			
	9	6			7	4		2
4	2		5		9			7
	1		4			6		

36

2	7						3	
	3		5			7	9	8
4			1					6
		4	7		1			5
	6	1				3	4	
3			6		9	8		
5					2			9
7	1	8			5		2	
	9						8	4

37

6			2		8	3		
7	2		3		4			
1	8					6		2
		9	8	7		5		
4		8				1		3
		1		3	5	9		
5		2					3	6
			6		2		8	1
		6	7		3			5

38

		5						6
	3		1	2		9		
	6	7		9	3			2
		9	7		2		5	
2	5			1			4	7
	1		6		5	2		
5			9	3		7	6	
		3		5	8		9	
8						5		

39

5	4		6					
6		1		3	8			5
			5		4		7	2
	3		8					1
	8	9		6		7	5	
4					5		3	
9	1		4		6			
3			7	2		9		6
					3		4	7

40

			6		5	7	3	
	7	3						
8	5		4	7			2	
	2	8		3	4	9		
		4		5		3		
		7	1	8		2	5	
	8			2	1		7	9
						1	4	
	3	5	9		7			

41

	6	4	5			8		
1	5		3			4	9	
			4				6	7
3	1	9						
4			6	7	1			5
						1	4	8
8	2				9			
	3	7			5		2	4
		1			6	7	8	

42

	2		9					
1				2		4	5	9
			8	5	7	6		
7					2	9	6	
	6	2		9		7	1	
	1	4	7					5
		8	6	3	1			
3	7	6		8				2
					9		8	

43

		8	1				5	9
		6		2				8
7			4		8		3	
6	7		5		2			1
	2	3				5	6	
5			6		3		2	4
	9		7		5			3
8				4		6		
1	6				9	4		

44

			7			3	2	5
	6		4			7		
		2		8			9	
6		5	9				1	2
8			1	5	4			6
9	7				6	5		3
	1			9		4		
		8			7		3	
3	9	7			5			

45

	6	3		4			1	
1	5		8			9	4	
8			1	2				
			3		4		8	9
4				7				3
3	1		6		9			
				9	3			4
	3	5			1		2	7
	7			8		3	9	

46

4				8	7		6	
		5	4	6		7		2
6					2	5	1	
			9		4			7
9		2				4		1
5			8		3			
	6	4	2					5
8		3		4	9	2		
	1		7	5				8

47

		5		1				
7	9				5	4		2
1			7			9		3
	3	7			2		8	
		1	3		6	2		
	5		8			3	6	
5		4			8			1
2		3	4				9	6
				6		5		

48

5		6			8		2	
	1	3				7		
2			4	7	3			5
8					4		3	9
		5		8		1		
7	3		1					6
9			2	3	5			1
		8				9	7	
	6		8			3		4

49

	2			6				9
3		8					7	
		6	9	7	8			1
	1		3		9	7	4	
9				4				8
	4	3	5		7		2	
5			2	3	4	1		
	8					5		3
7				5			9	

50

2		4		5	8			9
5		6					1	
					9	4		
	4				2	7	6	8
	2		6		3		9	
6	5	1	9				2	
		5	7					
	1					2		6
7			8	9		5		1

51

	9		1	2		6		8
		8	6		3			1
	1			9		5	4	
	6	4						
	8		9	5	1		3	
						7	1	
	4	1		7			6	
8			5		4	3		
7		9		6	2		8	

52

7		3					2	
				7	1		8	6
	2	8			3	9		7
			1	3		2	9	
		1		8		4		
	8	4		2	5			
6		2	3			8	4	
8	4		9	1				
	9					5		1

53

		5			2	6		4
	8		4			1		
4		1	8		3			
8		3	9	7			6	
	2			5			9	
	4			8	1	7		3
			6		9	8		2
		6			8		7	
9		8	5			3		

54

	6		9		8	7		2
			4	6			9	5
	9				1	4		
6			7	8		1		
7				4				9
		1		9	3			7
		6	8				4	
9	5			1	4			
1		3	2		5		8	

55

		4	1					6
2		5			4		9	
	6		5	2	8			
6	2			9			7	
7			3		1			5
	4			8			1	9
			8	1	3		6	
	7		2			3		4
3					7	1		

56

4		6				1	7	
	3		6		8	5		2
		9	3					
9			5				8	4
		5	2	3	4	7		
3	6				9			5
					2	9		
6		3	1		7		2	
	2	8				6		7

57

5	1	2				9		
3		4					6	
			3	9	2	4		
6	5		2	4		3		
	7			3			8	
		8		5	1		4	9
		5	6	2	7			
	4					7		6
		6				5	9	8

58

	6		5	9				4
4	9				8	5		
3		1			4		6	9
7		4			2			
		5	3		6	4		
			7			3		5
6	4		9			2		7
		2	8				4	3
8				2	3		5	

59

6		7	1				9	
		2	7		6	1		
	4			8			6	3
		5			2	9	8	
			9	3	7			
	9	4	5			6		
2	6			7			5	
		1	8		9	3		
	5				4	8		1

$$\boxed{60}$$

				6		7	2	4
9	2	7	1					
		8	5	7				1
	7				6	2		8
	1		7		8		4	
4		6	3				7	
7				5	1	4		
					7	5	3	2
5	6	4		8				

61

		2		7	4			8
6		3	8				7	
	8			1		4	9	
3	5		7					1
		8	9		1	3		
2					5		4	6
	9	7		3			6	
	2				9	7		3
8			4	5		2		

62

6	3			5			9	
			6	2		7		1
	8	2	9				6	
7		8			2	3		
2			3		4			9
		9	7			8		4
	7				6	5	8	
4		3		7	9			
	2			1			4	7

63

9			4			3		1
		6	2		9		8	
	2	5		1			9	
4	5					1		3
			1	2	3			
8		1					7	9
	8			6		4	3	
	6		7		4	9		
7		4			2			6

64

1					7	4		
			8		4	5	7	
3	7			6				2
2	6	9					3	
			1	9	6			
	1					6	8	9
7				1			4	5
	9	8	2		3			
		1	4					8

65

	5		7				8	6
		4	9	3			7	
7		9			8			4
	9	1			4			3
		5		6		8		
2			3			4	6	
9			5			6		8
	8			7	2	5		
5	2				9		3	

66

1	5					8		6
8				1	6	5		
		2	5	9			3	
7		6	2				8	
	2		6		1		5	
	9				3	6		1
	3			6	4	9		
		7	3	8				4
4		1					6	5

67

		2	5	4			3	
6		4					5	7
7			3		6	1		
2	1		9				7	
		3		8		9		
	8				5		1	2
		7	2		3			1
9	2					6		3
	4			9	8	7		

68

4					5	2	1	
2				9	6	8		
3	6		4				5	
		3			1	6	9	
5				8				1
	1	4	3			7		
	8				3		7	4
		6	9	5				8
	4	5	2					9

69

1				2		4	7	
		6			9	8	5	
3	8			4	7			
9		1	3					7
	3		4		2		8	
8					1	2		9
			9	1			2	8
	1	9	8			5		
	4	8		5				1

70

			7				6	2
7		2		5	6			
9					8	5		4
	1			3	2	6		
	2	3				8	9	
		8	1	4			3	
2		4	6					9
			2	7		4		3
8	5				3			

71

	9		2	6			1	
		8	1				5	9
1		2		8		3		
6	3		9					2
		5	4		3	6		
4					7		3	5
		6		9		5		7
9	8				6	1		
	1			7	2		6	

72

		2	6	4		7		
4		1			2		3	
	8				5			9
2				3		8		1
	3		2		8		7	
8		7		9				2
3			7				2	
	9		8			1		3
		4		6	9	5		

73

8					7	9		1
5	7				9		6	
		9		3	8		2	
7	4	8	2					
		5		1		4		
					3	2	5	7
	8		5	7		6		
	1		9				8	4
6		2	3					9

74

	3			2	1			4
4		9			7		1	
	1				4	6		8
		3		8		4	6	
1			7		3			9
	2	7		4		1		
8		1	4				2	
	6		9			7		5
5			2	7			3	

75

5			9		2		8	
3	6				7	9		
		2		6		3	4	
7			3				9	1
		9		4		2		
2	8				5			3
	1	7		5		6		
		3	6				1	4
	5		1		3			9

76

	7	8	6					1
		5	2	1			9	
3					5		2	6
8	9	3			4			
		6		3		8		
			8			6	3	7
5	8		1					3
	4			5	8	1		
6					2	5	8	

77

7			9		6	1		
	6			2		3		5
	5	8	3				2	
	9	5	2					1
3				9				2
8					3	4	6	
	4				2	7	8	
6		1		7			5	
		3	6		5			4

78

				8	5		9	
	1	3			4	6		
9		2		7				8
7					8		1	2
			5		1			
6	2		4					9
2				4		8		1
		9	3			7	2	
	7		8	1				

79

6	7	4						2
	9		4		1			7
				5	7	8		9
	5			4	2	9		
	6	3				7	8	
		9	7	6			2	
8		6	5	9				
7			1		6		9	
9						6	5	3

80

	8	4			7		1	
			1	4			8	9
1		6		3				7
8	1	7	4					
		3	7		5	1		
					1	7	3	6
7				2		8		4
4	9			7	8			
	3		9			5	7	

81

		8		9	6		1	
9	3				1			6
		2				5	4	
	7	1			8			5
5			6		7			8
4			1			9	3	
	4	5				6		
6			3				9	4
	1		7	6		2		

82

	4	8	6					2
	5		2	4				3
3			8			5	4	
		2	1				3	8
		1		7		9		
9	3				8	6		
	1	7			3			6
2				1	6		8	
6					2	7	1	

83

			1	5		8		6
5	6		8				2	
3		7			2	5		
2		5	3				4	
	7			2			8	
	3				7	6		2
		2	7			9		8
	1				8		6	4
9		8		6	1			

84

	5	2			9	3		
	1			3		5	2	
9			2	1			6	
2		7	9					5
8			5		6			1
5					7	2		6
	2			9	4			3
	7	8		6			5	
		4	8			1	7	

85

	2	5			8		1	
	7	1		5				9
			7		4	3		5
2				6	3			4
	1	3				6	9	
7			5	8				2
1		4	2		6			
9				4		2	6	
	3		9			8	4	

86

	1				5		2	8
9				2	6		4	
4		2		3			5	
		9	1		4	8		
8		5				1		4
		7	5		9	2		
	7			4		5		2
	3		2	1				7
2	9		6				1	

87

8		9		2	5			
2					7		5	3
	4		6			9	2	
4		8	9				3	
		3		7		5		
	9				2	4		1
	8	4			3		1	
5	3		2					8
			1	5		3		4

88

4				5		6	1	
	8		3		1	4		
2		9			4		5	
9	7		1			2		
8				7				9
		3			2		8	5
	9		2			5		4
		4	6		3		2	
	2	1		9				8

89

5		1		2		9		
9	3				8			4
			4	9		3	1	
	8	4			3		5	
2			6		1			3
	1		2			6	8	
	2	5		3	9			
4			8				3	1
		8		4		2		7

90

3	7					8		
		1	6		7	4		
6			3				9	7
	8				6		1	9
		6		5		2		
4	1		8				3	
9	5				2			1
		4	9		1	6		
		8					2	4

91

		6		1			3	2
	2	8			7	4		
3			8	4			7	
		4	7		5			6
2	7						4	5
8			9		4	2		
	1			9	3			8
		9	1			7	2	
5	8			7		1		

92

2				6		5		4
	7	4			2			6
6			1		3		7	
	9	2		8			4	
		1	2		5	9		
	3			7		6	2	
	2		7		4			8
8			3			4	9	
1		6		2				3

93

2	4		7		3			
		5		1		2	8	
	8			4		3		7
3			4		1	9		
8	7						2	5
		6	8		5			3
5		7		9			3	
	6	8		3		5		
			6		7		9	1

94

		3	6	5				8
8	1				7			6
9			8			3	2	
	5				6	8	1	
				2				
	9	2	7				3	
	4	1			2			9
6			9				5	1
7				1	8	4		

95

2			9				5	1
		6	1				8	9
9		5		3				
		2	4	7			6	
	5						4	
	4			2	3	9		
				8		1		4
4	3				9	6		
5	6				2			7

MEDIUM

96

8	5	4			1			
			9	4		8		5
9				7		2	4	
6	3		2		7			
	4	8				5	2	
			8		4		6	9
	7	5		9				4
2		6		8	3			
			7			3	9	2

97

6		2			3		8	
	1			9		7		
7					5	6	2	
5	9				8			2
		8	4		9	5		
4			1				9	6
	4	6	5					7
		1		6			5	
	8		3			2		4

98

4				1	5		8	
		5	2		6			3
	8	2					5	9
	1	4		7				8
		9	1		8	5		
5				9		3	7	
3	4					8	1	
9			8		7	2		
	2		3	5				7

99

	7			4				6
		8	7				9	1
		1	3		2			7
	5	4	9				1	
3				5				9
	2				1	5	3	
1			8		6	9		
4	8				7	1		
9				1			7	

MEDIUM

100

			6			8	3	5
3			4	1		2		
8	9	6			5			
			9			4		2
	8			4			7	
4		5			1			
			2			1	6	8
		8		5	6			3
6	1	4			9			

101

	5		7				6	4
	4		1			9		2
9		2	4	3				
7	9	5			8			
		1		5		6		
			2			5	9	7
				7	2	1		6
5		4			3		7	
2	7				1		5	

102

1				4	8		7	
4		5		3			9	
	8		9			1		4
		1	7		4		6	
8		7				4		5
	4		6		1	3		
2		6			3		4	
	9			6		5		1
	1		2	9				6

103

	4	1	3		6			
5			1	2			4	
		9				1	3	6
	7	8	5					1
9				3				4
3					9	6	8	
2	5	3				8		
	8			1	3			2
			2		8	7	6	

MEDIUM

104

5		6	9					1
					3	6		7
	7		8	5			3	
				3	8	7		2
	2						8	
4		3	6	7				
	1			6	5		9	
2		5	7					
9					1	4		5

105

	5	2		9	1			
3					7		2	5
		6			2	3	8	
1				5		6		7
	7		1		4		5	
5		3		7				8
	9	7	4			5		
2	8		7					6
			9	2		8	7	

106

		8	2			5		3
	7	5	6				9	
	6		8	5				1
	9			2		6		7
1			9		5			2
6		2		3			4	
8				7	6		5	
	5				2	7	3	
7		9			4	1		

107

2	7	1			9			
6					4	2		3
			6	2			7	
	3	2	5				4	
		9		1		8		
	5				6	3	9	
	2			7	8			
3		4	1					9
			9			6	8	4

108

			8		4		1	9
	6	4	9					5
9		7		5		2		
7		2	4				6	
	4			3			9	
	9				5	1		7
		9		6		7		3
2					1	9	8	
6	7		3		2			

109

	3				7		5	
	2		1	8				6
8		7			6	3		
7	4				5			2
		6		1		4		
5			4				6	7
		3	6			2		8
2				9	1		4	
	6		3				7	

110

1				2	9	5		
4	5	3			8			
			3			4	6	1
			8			3	4	2
	2			5			1	
8	4	1			2			
6	3	8			7			
			5			7	8	3
		9	1	8				4

111

	1		2	8				7
2			7		1	5		
6		4				8	1	
8	5	1					6	
			8	4	5			
	4					2	5	8
	3	7				9		6
		6	9		2			4
4				7	6		8	

112

9	6	2			1			
			7	6		1		2
3			2			5	9	
	5			7	2	6		
	9						2	
		8	6	1			4	
	3	4			5			9
7		9		2	6			
			3			8	6	4

113

4	3						7	9
2				8	4	5		
	8		3	5		4		
6			2			1	5	
		8	5		3	6		
	5	2			1			4
		1		3	2		4	
		6	4	7				8
5	2						6	3

114

2								5	8
		8	5	1	4			
	6	5	9					1
		7		4		2		6
	2		7		3		1	
1		6		5		3		
7					8	5	6	
			1	3	5	4		
8	5								2

115

	1		3			8	7	
6			7		4		1	
7	2			8		3		
1		3				4		5
			5	9	3			
8		9				7		2
		7		4			6	3
	4		9		7			8
	8	1			2		4	

116

	6	3				1		4
5	2		1		4			
			5	9		6		2
	8		3			4	6	
6				4				5
	3	5			2		9	
7		6		2	5			
			7		6		4	8
8		1				2	7	

117

			7		6	8	9	
		4	8				6	5
5	8	6		4				
2			5				3	1
		3		1		9		
9	1				4			8
				7		6	8	2
6	2				9	3		
	7	5	6		3			

MEDIUM

118

	3				7	6	2	
6	5	7		9				
				5	1		3	9
8		6	2			5		
3			4		5			8
		4			9	3		2
7	6		1	2				
				3		2	7	6
	4	3	5				8	

119

	7	2				3		8
3				7			6	2
	1		2	3	6			
5		9			4		2	
		6	5		3	4		
	2		6			8		5
			8	6	1		5	
8	6			5				1
1		3				2	8	

120

	3		2	9				1
		4	8		7		6	
7		9					8	4
	7	1	3			8		
3				8				6
		5			9	1	2	
1	8					5		7
	2		9		6	4		
4				1	8		3	

121

			1	7		6		8
5	9		8				2	
7		1			9	5		
3		5	9				4	
	7			5			6	
	4				2	7		5
		4	5			2		1
	1				3		5	9
2		9		4	1			

122

6			9		5	3		
	7		6		4		2	
5		3				6		1
2		1		6			3	
	3			2			6	
	6			4		2		9
7		8				9		3
	1		7		2		8	
		6	4		3			2

123

2	7			1			8	
8			5			4		
		6			3		7	1
	9	2		7		5		
			1		6			
		7		4		8	1	
3	8		6			7		
		5			4			9
	6			2			5	8

MEDIUM

124

2	1	3	4					
	6		8			3		4
			7	9			6	
	4			3		7		
		9	2		4	1		
		8		1			4	
	9			4	7			
3		6			5		1	
					2	5	9	7

125

2				3		4		6
	4	6			2	8		
	5		8		4		1	
		3	6				8	4
8				4				7
5	7				9	6		
	3		2		8		4	
		5	7			3	9	
1		8		5				2

126

	9	3		2	6			
4				5			2	9
6					9	3		7
	4		6		3	8		
	3	9				7	6	
		8	4		2		9	
5		6	9					8
9	8			1				6
			8	6		9	5	

127

		6		2	3		4	
	9	5	8				3	
8			1			6		9
5					2	9		7
	1			7			5	
3		7	5					6
9		2			1			4
	8				5	1	7	
	3		4	8		2		

128

	4	5			1	8		
7			6	8			1	
		8	3				5	2
1	5	9						8
			9	1	8			
4						1	9	6
9	7				2	4		
	2			3	9			7
		1	7			9	2	

129

	6	7	9			3		
4		5					8	6
			6	8	3	4		
2	1				4		9	
5				2				7
	4		5				6	3
		4	2	3	7			
3	7					6		9
		2			6	7	3	

130

9			8		6	5		
5	2			4				9
	7				5	4	2	
7		1			4	6		
	4			7			5	
		9	2			7		4
	9	7	3				6	
8				6			1	5
		5	9		2			7

131

6	4		1					8
7			5	6		2		
	1			3		5	6	
8					6	4	2	
		7	9		2	8		
	2	6	3					7
	7	4		9			3	
		8		1	3			5
1					5		8	9

132

	7		9		4		1	
8				3	5		9	
4		9				5		3
		5			7	3		2
	3			1			8	
2		4	3			1		
6		8				4		7
	4		5	2				9
	9		7		8		5	

133

				5	1	8		2
5	8		4				1	
	1	9	8					7
8	7	4		6				
		1	2		7	5		
				1		6	7	4
7					3	1	9	
	2				5		4	6
6		3	1	8				

MEDIUM

134

			4	6			3	7
3	2	6			8			
	8		3			9		6
	1				4	6		3
		7		3		4		
4		3	9				8	
5		1			9		7	
			1			5	4	9
8	4			5	7			

135

		1		4	5			
4	8				3	7		
			9			5	4	1
6	3	4					7	
			6	7	2			
	7					1	8	6
2	5	8			7			
		7	5				1	8
			3	9		2		

MEDIUM

136

		1			9		2	3
7			3				9	5
6	3			5	2			
	1	8	6			2		
		5		8		9		
		3			7	1	4	
			2	4			8	1
8	5				1			2
1	2		8			4		

137

7		9	3			1		
4			5	7			3	
		1			9			8
2			7			8	6	
	8			1			4	
	4	6			2			7
9			6			2		
	1			9	5			3
		4			7	5		6

138

	5	4	9					8
			2	3			9	5
3		9			7	6		
	3			6		4	8	
9			3		2			6
	4	2		7			1	
		3	6			1		7
1	6			9	3			
2					1	9	6	

139

		4	9				5	8
		8		6				2
	3		8		2	9		
	7				3	8		6
	4			5			7	
6		2	7				9	
		7	3		8		2	
3				4		1		
2	8				7	4		

140

		2	3	6				9
6				9	4	3		
3		7						6
	2				5	7	9	
	8		1		9		6	
	6	1	7				5	
2						8		5
		9	4	5				2
1				2	3	9		

141

8			3		9	5		
	4				1	9		
7		9		4			1	
1	7			3	6			
4	5						3	2
			7	5			6	4
	3			9		6		1
		4	8				7	
		8	1		7			3

142

	4	5				9		6
		3		4	6			7
	7		9	2				
9	6	7			1			
3			2		5			1
			3			6	4	8
				5	4		6	
4			8	9		1		
1		9				5	8	

143

8					2	4	6	
		4		3	9		1	
9	1		4			2		
2			9					1
		1		2		7		
5					3			4
		6			4		3	5
	5		3	7		9		
	4	2	5					6

144

	9		5	6			8	
		8	4	3			5	
5						9		4
		2	1		7			5
	3	7				6	2	
1			3		6	8		
2		9						6
	1		9	3	5			
	8		4	1		7		

145

			6		3	9		5
		5		8			1	6
	6	9			5			
8				1	6	4		
3	5						9	7
		1	5	9				8
			7			8	2	
5	1			3		7		
9		2	8		1			

146

6		5			2			9
			1			7		2
	2		3			8		
	7			9		4	2	
	6		2		5		9	
	9	2		1			5	
		7			6		8	
4		9			7			
3			8			9		4

147

9		2	5				8	
	4	5			9			7
					4	6		9
			2			5	7	4
	5			3			9	
7	9	4			6			
4		6	9					
8			7			9	4	
	1				3	7		2

148

2			1	4			3	
3				7		5	4	
		9	5				2	
	1	3			5			2
9			4		8			7
5			6			9	8	
	9				4	3		
	3	5		6				4
	4			5	7			8

149

9	6		8					1
		1	2		6			
		8		9			4	7
2		5	3	6				
	8	6				7	2	
				7	2	3		8
8	4			3		1		
			7		1	4		
1					9		7	6

MEDIUM

150

	4	3				7	8	
				4	6	9		
	6	9			8			5
7	9				1			8
5				8				2
4			3				6	7
9			5			8	7	
		1	8	9				
	8	5				2	3	

151

6		3					4	9
			4	2		3	6	
		1	5	3				
3		5	9				2	
8			3		2			5
	7				5	8		4
				5	4	6		
	8	6		1	7			
5	4					1		2

152

	6		2	4			1	
		4	7					5
9					3	2		4
			5	8		7	3	
8	3						5	2
	7	5		1	9			
1		9	8					6
6					4	1		
	8			6	5		9	

153

	5		4	6				2
8				2			9	
3		2			1			
	8	9	5			6		
	2		8		9		4	
		4			6	2	8	
			7			1		3
	9			8				7
4				1	5		2	

154

4	3		9					
	6				2	8		9
		9		7	4		5	
		3		2				8
	1		5		6		3	
2				4		6		
	9		4	5		1		
5		1	6				2	
					1		8	7

155

3			6		8		5	
	4	5			2	6		
9					3			1
	3	9		2		1		
8				3				2
		7		8		4	6	
4			2					5
		2	8			3	7	
	5		3		7			4

156

7					9		4	6
		5	3		8			
9		3		7			8	
	5		2	9		4		
6		4				2		9
		9		8	7		3	
	9			5		1		3
			8		1	7		
4	7		9					2

157

8			3					5
	1	6			8			
	7			2		8	3	
				6		2		9
2			7		5			4
6		8		1				
	3	9		8			4	
			5			1	7	
5					2			6

MEDIUM

158

	6	2				7		5
	7			6			4	
		9	4		5			8
6	5				2			9
		1	5		9	4		
7			1				5	2
2			6		3	5		
	4			5			6	
5		6				3	8	

159

		1	8		4			6
	6			5		1		9
5	3		1			4		
7	4	9	3					
				2				
					9	3	4	5
		6			7		2	3
2		8		3			5	
3			6		2	8		

160

8				5			3	
			6		3	8		5
	3	9	4			6		
	1				7		4	3
		3		4		7		
4	2		1				6	
		2			5	1	8	
1		8	2		4			
	4			1				7

161

4		2	5			6		
	8			2	3			7
			8			1	5	
8					6	9		4
	5			1			3	
9		4	7					1
	1	6			7			
3			2	6			1	
		9			8	3		6

162

	8	7		2			4	
		9	6					5
6					3	7		9
	4	3			1		6	
1				3				2
	7		4			5	3	
8		6	5					7
5					7	6		
	9			1		8	5	

163

	7				4			
5	3				2	6		9
			6	3			4	7
2				7	9			5
				1				
9			8	2				4
1	6			5	8			
4		5	2				8	1
			3				9	

164

2				6	5	1	3	
				2				5
	9				7	8	6	
4		2			1		8	
3			7					1
	1		2			4		7
	3	8	4				7	
9				3				
	2	1	5	8				9

165

	4				7	5	8	
					5		3	9
6		5	3					1
5	8		4		3	9		
		2				3		
		9	7		6		2	4
3					2	1		8
8	5		1					
	6	1	9				4	

MEDIUM

166

9				6				
4					9	2		
6		5	1				8	7
	9	8		2			7	3
		3		1		4		
5	6			8		1	9	
8	5				3	7		1
		6	7					9
			4					6

167

8						9		4
	1		9	8	7	3		
5				2		1		
2		5	1					
4				3				7
					9	5		1
		3		5				6
		2	7	6	8		1	
1		6						5

168

2				7				1
9		7	3			5		2
	3		2			6		
		5			4		7	9
		2		8		1		
6	4		7			3		
		8			7		2	
1		9			2	8		5
4				9				6

169

4					3		8		7
2						8		6	
	3	6		7					
5		9			6	4		2	
		3	4		9	7			
7		1	3			6		5	
				6		9	7		
	6		1					8	
3		8		9				6	

MEDIUM

170

		9	3				4	
	8		9			6	3	
7			5	4				2
5		8			1		2	
		6		2		1		
	9		7			4		8
6				7	9			5
	5	7			8		1	
	3				5	9		

171

					3	9	4	7
		3			8			1
6	1		4	7				
9	8	7				1		
			8	1	5			
		1				4	8	6
				4	6		1	8
1			9			2		
7	3	6	2					

MEDIUM

172

		3		2		7	1	
	8	1			4			
	6		8		1	2		
1					8		5	6
8				1				3
9	5		4					1
		2	9		3		8	
			1			6	4	
	1	8		6		3		

173

		9	3					2
1		7		9		4		
	4		6		1	5		
5	8		9				2	
3				2				5
	7				8		4	1
		8	2		9		5	
		1		4		8		9
4					3	2		

174

	7			2		5		
		6			9	4		7
	4				8		9	
3	6				1	8		
5				7				3
		7	4				5	9
	1		8				3	
7		8	6			1		
		3		9			8	

175

	7		4		5			9
	3	4	9		2			
						5	8	4
		5		6			9	3
		6		5		7		
1	2			4		8		
9	6	7						
			5		6	4	2	
4			1		7		6	

176

3				1			4	
7			6	8		2		
	8	6	4				9	
4		1	3			5		
2			5		7			9
		5			6	3		4
	1				4	9	3	
		4		3	1			5
	3			7				6

177

	2			9	7			1
		6		4			5	9
	7	9	5					
		5	1		6			3
	3	8				9	1	
2			8		9	5		
					8	6	4	
1	8			6		2		
6			2	5			3	

178

		6			4	5	8	
5	3		9	2				
	4		8					3
9		7			3		2	
		4		9		3		
	6		2			7		4
2					8		7	
				1	9		6	8
	8	5	7			1		

179

				3		8	4	9
		1	9					
	8	9	7			5		
2	9		8				3	
1				5				8
	7				6		9	4
		7			8	9	6	
					3	7		
9	5	3		6				

MEDIUM

180

7			3		5	8		
	5					2	7	
1		6	7					5
6				2		4	9	
	7		6		4		2	
	1	4		9				6
5					8	6		2
	4	7					1	
		2	1		9			4

181

	2					7	3	
4		8			5		2	
1				2	3	8		
7	8					1		3
			1	4	8			
5		4					8	6
		3	5	8				2
	4		3			6		8
	9	5					1	

MEDIUM

182

4		3		5	6			
				7	4	6	2	
8	2					4		5
			9		3		8	
	3	8				5	9	
	6		5		7			
6		5					3	4
	4	2	3	6				
			4	2		1		9

183

7			9					8
		4			7	2		9
2	9			8	4			
	7	3	8			6		
	6			3			1	
		2			6	5	3	
			3	1			7	5
1		7	4			3		
9					8			1

184

	8	1					6	
7			6		8	4		
		9		3	2			8
4	1		7					3
	3			2			4	
9					3		2	7
5			8	7		1		
		4	3		9			6
	9					5	7	

185

	1		3					
8			2		7	1		
6						3	5	2
	4		9	8		5		
2		3				6		7
		8		7	2		3	
4	6	7						5
		5	1		4			9
					5		6	

186

5			8					4
	7	8						5
	6		3	7		2		
2	3	5			9			
	4		7		2		9	
			4			5	2	8
		3		2	4		1	
1						8	3	
6					8			9

187

2		6			7		3	
	8	5	2					9
				8				2
5					4	2	9	
	7		9		1		4	
	1	4	6					5
6				9				
3					6	9	1	
	2		4			5		3

188

8	9					2	3	
6	1				9			8
			1	7				5
	2		9			5		
		8	4		2	6		
		3			7		2	
7				8	4			
5			3				7	6
	8	1					5	2

189

	3	6	2					
	4			9			1	3
		1	4				7	6
3		8						7
			8	6	2			
2						5		4
6	5				3	4		
9	2			8			5	
					7	3	6	

190

		7	1	3	2			
6	9						3	7
						5		1
		6	4			7	2	
	4			6			9	
	2	5			9	4		
8		2						
5	6						7	3
			9	1	5	8		

191

8	4		5				9	
		5		9			8	
7			3			5		
				1	6	9	4	
1		4				3		6
	2	9	7	4				
		2			4			9
	5			7		4		
	1				5		2	7

192

	8			2		9		4
		9	8				6	
7				3	6	8		
			1		3		2	
3	4						1	5
	6		5		8			
		1	2	6				9
	2				9	5		
8		7		1			4	

193

8			6			9		5
	1	6	3					
					5		1	2
7	6	8			1			
	9			6			8	
			9			2	6	1
2	4		8					
					9	5	2	
3		7			6			4

194

		3	5	2	4			
			1				5	4
4						6	3	
1				4	3		2	
6	4						1	3
	2		7	5				8
	1	4						6
5	8				9			
			4	6	2	1		

195

	6		4		2		9	
4	7			1				2
		9	5			4		3
1		2	9					
				8				
					3	1		4
9		1			6	3		
8				2			4	9
	3		7		5		1	

196

			4	5			7	6
	8	9				2		
		6			7		3	
6			2			5	8	
			9		5			
	1	5			8			4
	4		5			7		
		3				9	2	
9	7			6	3			

197

	9			7		5	4	
		2	4		8			3
7	3		2					
	2	7			6			5
				1				
1			7			2	9	
					1		5	4
8			6		5	3		
	4	5		3			1	

198

5	3					4		
				3	9	8	2	
	4		5					7
		7	8			5		1
6			7		2			8
8		5			3	6		
1					5		9	
	7	9	6	2				
		3					8	6

199

4				6			1	7
6		3			4		5	
		1	9				4	
	4		6					2
		7	5		1	3		
5					7		9	
	6				9	7		
	8		2			1		6
3	1			7				9

200

		3			7		9	5
				8		2		
	1	4	9					8
	3		1	4		7		
4	5						8	9
		8		3	9		6	
1					3	9	4	
		9		1				
5	6		7			8		

201

5			3		8			7
	3	2		4		1		
	7						2	5
	9				2	5		
		6	4		9	7		
		5	6				8	
1	2						5	
		8		3		6	1	
6			9		1			4

MEDIUM

202

	6	3		4				5
9		4				1		2
			5		3		6	
	4		8	7		5		
1								7
		7		1	9		8	
	1		9		4			
4		8				9		1
6				8		3	2	

208

203

	1	6					7	
8					7		6	
		7	9	3				5
		5			3	9	4	
9			2		4			6
	7	4	6			8		
7				9	5	4		
	9		4					2
	3					5	9	

204

	2		1			7		3
7				8	5			
5	3						1	
	6	3	8	5				
1		2				8		5
				6	4	3	9	
	5						3	6
			6	4				7
6		7			9		4	

205

		2		8		7		
9				3			2	
		3	7		4			5
	6		9			3	8	
	5		2		3		7	
	3	1			8		5	
7			3		5	9		
	1			9				6
		8		4		5		

HARD

206

	9	6			8			
	2		9		7			1
7				6				4
2			1	9			3	
		1				6		
	5			8	3			2
9				7				6
5			4		9		8	
			6			7	4	

207

					7		5	
	4				3		7	1
	8		1	4		6		
5			7					9
4				3				7
6					9			4
		4		6	8		2	
3	6		4				9	
	2		3					

208

	7		1			4		5
	5	1			3			
				8		7	1	
9				5	2	3		
	3						8	
		7	3	1				9
	1	8		3				
			9			1	6	
4		6			1		3	

209

	4			1		6		5
		6			7		4	
1			6					
			1		5			3
	6	8				9	1	
3			2		6			
					9			7
	7		5			8		
9		1		4			2	

HARD

210

		3	2		9			6
8	6							9
				6	1	5		
	1	7	3					
	3			8			5	
					6	3	1	
		1	7	2				
3							7	1
4			6		3	9		

211

		9			8			2
8		6	7					9
		2		9	1	8		
9	1				3			
				8				
			4				8	5
		5	8	1		6		
3					5	2		8
6			2			9		

212

		1		5	7	3		
		4				9		5
			9		2		7	
1			6				8	
4				3				7
	5				1			2
	4		7		8			
6		7				4		
		2	5	9		7		

213

4				5		6		
1	3			6				
			4			3	5	7
	1				5	4		
9			6		2			1
		8	1				6	
5	8	6			4			
				3			4	2
		4		9				6

214

			4			2		
		5	9					1
	2				6		8	7
	8	7					3	4
			7	5	4			
9	5					1	7	
5	9		6				2	
4					2	7		
		2			5			

215

		1	7		9			
		9				7	2	
3			5				8	
5			8				1	6
				2				
7	3				4			8
	4				6			9
	6	3				1		
			9		3	5		

216

1					5			7
5	7					3		
		8			1		9	
		1		4	8		7	
2		7				8		9
	8		7	9		5		
	9		3			7		
		6					3	2
3			6					4

217

			2			8	7	
		6			7		9	
2	8				1			
		3	5				1	
8				2				7
	7				4	5		
			4				5	3
	2		6			1		
	3	9			8			

218

				1			9	3
3	2				4	8		
9		1			2			
		3		7	5		6	
7								4
	6		4	8		3		
			5			9		7
		2	1				5	8
5	9			4				

219

	9		5					6
		6	2		9	7		
4				7		9		
	3			4	5	8		
	4						1	
		7	1	9			3	
		4		5				3
		5	8		2	4		
8					7		9	

HARD

220

8		3	1			4		
			2					9
				3	4		8	6
	7			4		6		
		2	6		5	7		
		9		1			3	
5	3		4	7				
2					6			
		7			3	5		4

221

6		3			9			7
					1			
	1					9	6	
4	5				8			2
		9	3		4	6		
3			7				4	1
	4	1					5	
			1					
2			5			7		9

222

	5	2				1		6
			9	6				
	3		4					7
7			1	4				8
		1				4		
6				7	2			9
3					4		2	
				8	7			
1		8				7	3	

223

	5			1			7	
		3	6					4
		4	2		9	6		
		7	5	8				9
1								3
5				6	4	7		
		9	8		5	4		
3					7	8		
	8			4			9	

224

	5		8			9		3
		9					8	1
	4			1				
2	9		3					
5			7		9			4
					1		9	6
				6			5	
6	3					4		
9		5			2		6	

225

		5		3	8			
3	9							
	4		2			3		7
	5	2		4				
9			6		3			1
				2		4	9	
5		1			7		4	
							8	6
			8	1		7		

226

		4	9		5			
						1	6	
3				6	1		9	
	5	9			2	3		
8				9				6
		3	1			8	2	
	4		8	7				5
	8	7						
			5		9	7		

227

					2			9
	1				3		2	6
	6	9	4		5			
		5		6		2		
3				2				5
		8		5		4		
			7		1	6	8	
9	8		5				3	
7			2					

228

					5	1		
	6		9	8				
8	2					7		
4		2		3		8		
7			6		4			2
		6		2		3		5
		3					9	8
				9	1		7	
		9	8					

229

	6				4			7
5		8				6		1
	2		5		6	4		
	1			5				
		9		1		3		
			4				5	
		1	8		2		4	
2		5				8		9
6			3				1	

230

	6	7						9
	3		4			7		
				7	9			2
7		2		5				1
	5		8		1		9	
8				9		6		3
4			9	8				
		9			4		2	
3						9	8	

231

4	3			8			9	
			3		1	7		
	8	7				1		
	6		5					8
				6				
3					9		6	
		6				3	7	
		9	4		5			
	4			1			2	9

HARD

232

		7	9			2		1
	9			5			8	4
			4					
		8			5		2	7
		9	8		7	5		
5	7		2			3		
				8				
6	2			7			1	
7		4			1	6		

233

		9		4	7			1
			2					
	4	7	5					9
	5	3	4				1	
				8				
	9				3	4	8	
5					9	6	2	
					4			
9			7	1		8		

234

			7					3
3			1	2				5
		7			4	8		
8	5				6		2	
		2		5		1		
	7		2				5	9
		5	4			9		
6				7	2			8
2					9			

235

2			5			6		
	9			6			8	
3		6				2		5
		8			5		2	
	2		6		4		7	
	7		8			1		
8		9				5		2
	6			5			4	
		7			8			3

236

2			3			4		6
					4			
5	4	9			7			
		1		2			5	
	2			3			6	
	9			7		2		
			7			8	3	5
			9					
6		3			8			4

237

		3	6			7		4
	7			4	8	3		
		9						
2				3	1			6
	3						7	
7			2	5				8
						4		
		2	5	9			6	
5		6			3	9		

238

	1				8		4	5
		6			2	8		7
		9	7					
	2	7						1
			2	8	5			
3						4	8	
					7	9		
1		3	8			7		
9	7		4				3	

239

			1	7				2
	5				3	1		6
7			5				3	
		9	2			6		
1				9				4
		7			6	3		
	7				1			5
8		3	6				2	
6				2	4			

240

2	9	1	8					
			7	4		1		
		5		1			2	3
					4			2
8			9		6			5
9			5					
3	2			6		5		
		8		5	7			
					8	4	3	1

241

	3	2				1	6	
9			6	3			7	
					4		8	
4			5			9		
7				8				2
		3			9			1
	7		3					
	4			9	2			3
	9	1				5	2	

242

			4				6	8
3	8		5			1		
				1				
9			7			5	1	
	3			8			2	
	5	4			9			7
				3				
		7			4		9	1
8	9				1			

243

	5	9		4				
8			3				1	
				2	6	7		
	6	8	2				9	
			8		1			
	1				3	5	7	
		5	4	3				
	3				2			4
				1		2	3	

244

				3	8			4
7		4						
			7			8	6	
8			9				5	1
		5		7		9		
6	3				1			7
	4	7			2			
						3		5
3			4	5				

245

			2		1		8	
	1	7	3	8				
						1		6
8	7		1				5	
				6				
	2				5		7	4
6		8						
				9	4	7	3	
	4		5		8			

246

		6		7				
7					5	1		2
2		8	9					7
		7			4		3	
			1		8			
	9		7			2		
4					9	7		8
1		5	6					9
				1		4		

247

			7				5	
8		5		1	3			
		9				2	1	
2				7			6	
	1		6		5		3	
	8			3				5
	3	2				4		
			2	5		3		7
	7				1			

248

					6	7		
9	3			4				
	4	8			9	5		
	1	3			7			
8				6				9
			1			3	7	
		5	2			8	6	
				5			2	1
		6	9					

249

			8	4			5	
		2			6			
		1				4		
	8		2				3	4
	5			6			2	
4	2				5		7	
		8				9		
			3			6		
	7			8	9			

250

			5		8	7		
2				1			9	4
	5						1	
6			2	3				5
1				8	4			3
	7						4	
4	9			7				1
		6	8		1			

251

			2		6	4		
				8				3
1		2					7	
		5			8		4	9
		9		7		8		
3	1		9			6		
	2					1		8
7				2				
		6	1		9			

252

	9						5	
3				9	1		2	
		1	5		8	9		
5				7				
2			6		3			7
				8				5
		2	9		4	5		
	8		2	3				4
	4						1	

253

		4		2				7
8		6				4		
	9				4		6	
	4			5				2
	7		1		2		5	
2				9			1	
	5		9				7	
		3				1		9
4				6		5		

254

	2				3	9		
8					5		6	
3		9	4				2	
6		5						
			6	2	8			
						6		9
	3			6	8			1
	7		9					3
		8	3				4	

255

		1		6		5		
4	3							
			4		5		2	7
		2	9					3
	1		5		2		9	
7					6	2		
3	6		8		4			
							3	2
		7		5		4		

256

				4	2	5		8
4		8				7		
			3			1		
8				1	4		5	
2								1
	4		2	8				9
		1			5			
		6				3		4
7		4	8	6				

257

								6
	3		5				8	
4	5		2			1		
5			3			6	7	
		8		7		3		
	7	3			6			8
		4			2		5	9
	2				9		4	
3								

258

	7	5			1			
					5	7		1
2						3	4	
	1			2		8		4
			3		4			
6		4		9			5	
	4	6						8
8		3	6					
			8			5	7	

259

		2	6				3	
			3	7			1	
		1			2		7	
					3	7		8
	3			1			2	
7		4	9					
	9		5			3		
	1			6	9			
	6				4	9		

260

	3	9			2			
			6		4	1		
8				1				7
5					6		4	
		1		2		5		
	8		3					1
4				6				3
		2	9		8			
			2			8	9	

261

6				9		1		
	2							
	5		4		6	7		
3		7		8				
1			5		9			8
				2		9		6
		5	2		4		9	
							5	
		6		5				4

262

		6		9	5			
			2					8
		9	7				3	
	5	1	8				4	
				2				
	3				1	6	9	
	7				9	1		
2					7			
			6	4		3		

263

8					7	6		
6			1			7		
2				6				5
	5	7			3			
				8				
			7			3	9	
7				1				6
		2			6			1
		4	5					7

264

2							9	
			2		1	8		
	3					5		7
				1		3		2
	7			4			8	
4		9		3				
8		7					5	
		6	8		7			
	5							8

265

5			2				7	
							4	
	8	6	3		9			
		7			3	1		
	4			1			9	
		1	8			6		
			7		1	9	3	
	9							
	6				4			7

266

		8				6	1	
	1		8			5		7
				5	3			
	7		4					1
				7				
4					8		2	
			9	2				
3		2			6		5	
	6	7				8		

267

		2	4		3	8		
						1	3	
	8				1			
9					8		5	
3				6				4
	1		2					8
			3				4	
	7	4						
		1	9		6	7		

268

1		9						5
	6		8		7			3
			9					
6	4			9				
	2			5			8	
				7			1	2
					9			
9			1		3		5	
2						7		6

269

	5		3		7		9	
		3		8			2	
		7						
			1	7			6	9
		8				3		
7	4			3	6			
						9		
	2			9		1		
	6		7		5		3	

HARD

270

			4					
		8	7		1			6
	6			9			8	7
	1						2	
			3	4	7			
	3						6	
6	9			7			1	
3			1		4	5		
				2				

271

					7	3		
5	3			4		2		
			2			9		
6				5			3	
8			4		6			1
	7			1				6
		1			5			
		6		2			7	9
		5	3					

272

		7		5		4	8	
			8		2			
1		5						
3				2	4	6		
7								3
		9	3	8				1
						3		4
			2		9			
	4	2		6		9		

273

	5	3						
			2	6	5			7
2		8						1
			4				6	
5				8				2
	7				3			
6						4		5
8			6	7	9			
						6	9	

274

		4		2		7		5
		3	7	1				
	9	7						
					2			6
	8		4		6		7	
2			5					
						9	8	
				4	1	6		
6		2		3		1		

275

8				7				3
		3				4		6
			2	1				
	1	8			4			
	9		7		1		5	
			5			8	1	
				4	5			
9		6				5		
7				9				8

HARD

276

	1		8			2		
	5			1				
					3			7
	9	7	1					2
		4		2		3		
8					9	6	4	
5			3					
				6			3	
		1			2		8	

277

							7	
		7	8	4				
2			5				4	1
				8			2	3
	3		7		5		6	
5	4			1				
6	9				2			8
				6	9	7		
	1							

278

		6	1					
2					8	6		
4							9	3
			9				3	1
		1		5		4		
5	3				7			
3	6							8
		9	4					6
					5	2		

279

		7				9		1
	3			9			7	
		1			8	3		
			9				3	
3				6				8
	4				5			
		9	2			7		
	1			8			9	
6		5				8		

280

			3		1	4		
	4				7			
		9				5		3
9					3	2		
	8			7			9	
		5	2					1
6		4				9		
			9				7	
		7	1		6			

281

8		5	2					4
						6		3
	6		5	7			9	
2		8			1			
	4			2			6	
			3			7		9
	1			5	9		4	
4		9						
5					2	9		7

CHALLENGER

282

	8					2		
5			9				3	
			8	2	3		1	
			6	7				5
9								7
6				8	4			
	6		1	3	8			
	1				6			2
		9					7	

283

9				8				5	2
				5		6			
5				3			7	4	
						8	1	6	3
					6				
6	8	2		1					
	5	3				4			6
				7		9			
2	9				3				4

CHALLENGER

284

	6						7	5
3	1			7		6		
		9			1	8		
			7			2	4	
9				3				6
	3	7			5			
		3	5			4		
		2		9			6	8
1	7						2	

285

9					4	1	7	
								8
		3		2			5	
		9	2			7		6
2				4				5
8		7			6	9		
	7			6		8		
1								
	5	4	8					3

286

	6			3		8	4	
			1		6			
		9					7	
		3		5	1			2
9								6
2			7	6		5		
	4					1		
			3		7			
	1	6		8			9	

287

			2	5				8
8	9		7				1	
	1			6		7		
					2	8		5
5			3		4			9
9		4	5					
		8		2			3	
	4				7		6	1
7				3	5			

288

7	6				5		3	
		4	1					
				3		9		8
	2	7			9		8	
		3		1		6		
	8		3			2	1	
8		9		4				
					1	7		
	1		5				9	6

289

3					8			5
		7		9		4		
	9		4				7	1
5		9		4	1			
		8				5		
			2	3		8		9
4	5				9		8	
		1		5		6		
9			1					2

CHALLENGER

290

		8			3	6	4	
	4				2			5
7					5			8
	1			2		3		4
			3		9			
2		3		1			8	
3			7					6
4			9				5	
	8	1	2			4		

291

		4			7		8	
		3	5					9
7					8		1	2
		2			3			
8				5				3
			4			2		
4	9		8					6
3					4	1		
	6		9			5		

292

	8	5		2				
					8			9
	6		4					8
1			7	5			8	
		7				6		
	9			3	2			4
9					6		3	
6			1					
				4		1	5	

293

		4	9	2			6	
7							9	
		5		3			8	
					4	3		6
			1		2			
4		8	3					
	4			1		2		
	3							8
	5			4	6	1		

294

	4		9					2
6	1				7	3		
			3					7
					3	6		5
				8				
7		6	2					
4					6			
		5	8				1	6
9					4		2	

295

1						9	6	
2					8		4	
				7				
	4	1	2		5			
	5	6				1	3	
			6		1	8	5	
			5					
	7		4					6
	3	9						1

296

						5		4
		9	4	5			8	
	6			8			7	
		2			8			
	4		3		2		1	
			1			7		
	2			9			6	
	7			2	3	4		
3		8						

297

	8	7			5	9		
6			9					
				6			4	
3			1				2	
	1			3			9	
	9				2			4
	7			1				
					8			2
		6	2			3	5	

CHALLENGER

298

	3					8		
		2	7					
8			2			1		6
				7		5	4	
	5		4		2		1	
	2	4		5				
9		8			6			4
					1	2		
		5					9	

299

9			7	3				
1							5	
		7			1			2
	6	3	1	8				
		4				2		
				4	2	1	6	
4			3			7		
	9							6
				5	7			8

300

1	6	2	7					
3							8	6
			2				7	
		8	3					4
	9			4			1	
5					2	9		
	4				7			
9	3							5
					3	6	9	8

301

	6					4	3	
	4			5				
		3	1					5
4			6		2			
9	7						6	4
			7		1			3
6					9	3		
				2			7	
	1	2					8	

CHALLENGER

302

	7				9	3		
	9	4		3				
8			6					9
		1			4		5	3
		7		6		1		
3	5		1			7		
4					8			5
				2		9	3	
		5	7				8	

303

9			7		2			
	1			6		3		
7			3			6		
		8	1	2				
1	2						5	4
				8	9	1		
		1			7			6
		7		9			1	
			5		4			9

304

	2	4	6					1
				2		5		
	7				1		6	3
	6		1			3		
				6				
		8			9		2	
6	4		5				3	
		1		8				
9					3	6	5	

305

		3		6	2		9	
1								4
				8		3		
	1		7				3	
	8		1		5		4	
	9				6		2	
		5		9				
8								3
	2		3	5		6		

CHALLENGER

306

		4		9	1	5		
	5	6						4
	8							7
	9	3			4			
8				7				9
			5			2	3	
6							4	
7						6	1	
		8	6	2		7		

307

	8	5			4			
		1		6			8	
		3			5			1
1			6		2		5	
8	5						9	2
	7		8		9			6
5			7			1		
	3			4		8		
			9			5	3	

308

	7			9			2	
2		9			8			6
		4			2		9	
					1	3	4	
4				3				5
	1	3	4					
	2		8			6		
8			6			2		9
	4			1			5	

309

	4			7			8	
	8		6					9	
		6	8					3
8				5		1		9
		4	7		8	3		
5		7		3				4
1					4	2		
	7				2		3	
	3			1			4	

310

	7	9			2		6	
3					4			2
			8	5				
6		3			5			
	9			7			2	
			4			3		1
				8	1			
2			6					7
	8		2			1	5	

311

			8					
3	5		4				9	
	8	4				1		3
	2	6	9			3		
7				3				4
		3			2	9	5	
9		2				6	8	
	4				8		1	9
					5			

CHALLENGER

312

	8	4		1				
2			9			8		
						2		1
	6	2					3	
			2	4	7			
	5					9	8	
9		5						
		6			5			3
				6		1	9	

313

6				9				4
		5	3		1			
		9	6			2		5
		4	7				2	
	7			1			3	
	9				8	5		
9		8			3	1		
			1		9	7		
7				6				2

CHALLENGER

314

				1	8			3
8	7		5					9
							7	
6		3			1		4	
				9				
	9		4			3		8
	2							
9					3		8	2
4			1	7				

315

		3						
	7		6				8	
		2	9	8				6
9					5			3
		4	1		6	8		
7			4					5
2				4	7	1		
	6				2		3	
						2		

CHALLENGER

316

3					8		5	9
	7		2					3
	4					6		
				9			4	8
			7		6			
8	9			2				
		4					9	
2					3		1	
9	1		8					5

317

				5	6		7	
3		6			7			5
	5					9		1
5	4				9	7		
				1				
		1	7				5	8
4		2					8	
1			6			5		4
	6		2	3				

318

						8	5	
5			3	4	9			
1	2		6					
		8	1			2		9
	9			5			8	
6		2			4	5		
					8		1	7
			5	2	3			8
	6	9						

319

			8				2	5
4		7	9			3		
	2	9					1	
		5			8			4
2				5				9
3			7			1		
	3					2	4	
		6			2	7		3
7	4				3			

CHALLENGER

320

		8	5					3
2		6			7			
				3			8	
5		4		8				
3			6		2			4
				4		8		1
	9			6				
			3			4		6
7					9	2		

321

9			8	1				
8		5	4				1	
	2				3	6		
2				9		1		
6			2		1			4
		9		7				5
		1	9				3	
	8				7	9		1
				2	5			8

CHALLENGER

322

		3				8		
				6	3	7		5
8			5		7			
	3		6				7	1
		2		3		6		
1	6				4		2	
			9		1			8
3		7	4	5				
		4				2		

323

	5		3					
7				4	8			6
	8							2
					2		8	3
		9	4		7	5		
1	4		5					
3							1	
5			6	7				8
					4		2	

324

				3	6			
4		5						
		3			9		6	5
	3				8		2	4
	7			9			8	
8	1		2				5	
9	4		6			2		
						6		9
			9	1				

ANSWERS

1

7	3	8	2	4	6	1	5	9
1	6	2	7	9	5	3	8	4
5	9	4	3	8	1	6	2	7
4	1	5	8	2	7	9	6	3
3	2	9	6	1	4	8	7	5
8	7	6	5	3	9	2	4	1
6	4	3	9	7	2	5	1	8
2	8	7	1	5	3	4	9	6
9	5	1	4	6	8	7	3	2

2

3	9	7	8	5	4	6	2	1
5	6	8	2	9	1	4	7	3
4	1	2	3	7	6	9	8	5
9	5	3	7	4	2	8	1	6
7	4	6	9	1	8	3	5	2
2	8	1	5	6	3	7	9	4
8	2	5	4	3	7	1	6	9
1	7	4	6	2	9	5	3	8
6	3	9	1	8	5	2	4	7

3

6	4	3	2	7	1	5	8	9
2	9	8	3	4	5	1	7	6
7	1	5	6	8	9	3	2	4
4	3	6	5	1	2	7	9	8
1	7	2	8	9	4	6	5	3
8	5	9	7	6	3	2	4	1
3	8	4	1	5	7	9	6	2
5	6	1	9	2	8	4	3	7
9	2	7	4	3	6	8	1	5

4

9	1	3	2	6	8	5	4	7
4	5	2	7	1	3	6	8	9
7	6	8	9	5	4	3	1	2
3	4	5	8	7	9	2	6	1
2	8	7	6	3	1	9	5	4
1	9	6	5	4	2	8	7	3
5	2	4	3	8	7	1	9	6
8	7	9	1	2	6	4	3	5
6	3	1	4	9	5	7	2	8

5

8	4	7	6	5	3	2	9	1
9	1	6	2	8	7	3	4	5
5	3	2	4	1	9	6	8	7
2	6	5	1	9	4	8	7	3
3	7	1	8	6	5	4	2	9
4	8	9	7	3	2	1	5	6
7	5	4	3	2	1	9	6	8
6	9	3	5	4	8	7	1	2
1	2	8	9	7	6	5	3	4

6

3	5	1	6	4	8	9	7	2
7	2	6	5	9	3	4	8	1
8	9	4	7	2	1	6	5	3
1	3	9	8	7	5	2	4	6
2	7	5	4	1	6	3	9	8
4	6	8	9	3	2	7	1	5
5	4	2	3	8	9	1	6	7
9	8	3	1	6	7	5	2	4
6	1	7	2	5	4	8	3	9

7

5	1	7	8	6	3	4	9	2
3	6	2	9	4	7	8	5	1
4	8	9	1	2	5	3	6	7
7	4	1	3	9	6	5	2	8
9	3	6	5	8	2	7	1	4
8	2	5	7	1	4	6	3	9
6	5	8	2	7	1	9	4	3
1	7	3	4	5	9	2	8	6
2	9	4	6	3	8	1	7	5

8

2	7	9	1	6	5	8	4	3
3	5	6	9	8	4	1	2	7
8	1	4	3	7	2	9	5	6
1	4	3	5	2	6	7	9	8
5	9	7	8	1	3	4	6	2
6	8	2	7	4	9	5	3	1
9	6	8	2	5	1	3	7	4
7	2	5	4	3	8	6	1	9
4	3	1	6	9	7	2	8	5

9

2	5	7	4	3	6	8	9	1
3	1	8	7	9	5	4	2	6
6	4	9	8	1	2	5	3	7
7	8	1	3	5	4	9	6	2
5	6	4	9	2	7	3	1	8
9	2	3	6	8	1	7	5	4
8	3	6	2	7	9	1	4	5
1	7	2	5	4	3	6	8	9
4	9	5	1	6	8	2	7	3

10

4	1	7	5	9	3	2	6	8
8	5	6	2	4	1	7	9	3
9	2	3	7	6	8	1	5	4
6	3	1	4	5	2	8	7	9
2	9	8	6	3	7	4	1	5
7	4	5	1	8	9	6	3	2
1	8	4	9	7	5	3	2	6
5	6	2	3	1	4	9	8	7
3	7	9	8	2	6	5	4	1

11

2	5	3	4	7	6	8	1	9
6	7	8	5	9	1	4	2	3
1	4	9	8	2	3	5	7	6
7	8	6	2	1	4	3	9	5
5	9	1	3	6	8	7	4	2
4	3	2	7	5	9	6	8	1
8	1	5	9	3	7	2	6	4
3	6	4	1	8	2	9	5	7
9	2	7	6	4	5	1	3	8

12

3	9	2	7	1	4	8	6	5
7	8	1	9	5	6	2	3	4
4	5	6	2	8	3	1	7	9
1	6	4	8	7	5	9	2	3
2	7	8	1	3	9	4	5	6
5	3	9	4	6	2	7	1	8
8	2	5	6	4	1	3	9	7
9	4	3	5	2	7	6	8	1
6	1	7	3	9	8	5	4	2

13

2	7	6	3	9	4	8	5	1
9	4	5	1	8	2	7	3	6
1	3	8	6	7	5	9	4	2
6	1	2	5	4	7	3	8	9
3	5	7	9	6	8	2	1	4
8	9	4	2	3	1	5	6	7
4	2	9	8	5	6	1	7	3
7	8	1	4	2	3	6	9	5
5	6	3	7	1	9	4	2	8

14

1	8	3	7	9	5	4	6	2
7	2	4	3	8	6	1	9	5
5	6	9	1	4	2	8	7	3
6	1	8	9	3	7	2	5	4
3	4	2	5	6	8	7	1	9
9	7	5	2	1	4	6	3	8
2	5	6	8	7	3	9	4	1
8	9	7	4	5	1	3	2	6
4	3	1	6	2	9	5	8	7

15

6	8	7	9	3	4	5	1	2
4	1	2	8	7	5	9	6	3
3	9	5	6	2	1	7	8	4
5	4	9	3	1	2	6	7	8
8	3	1	5	6	7	4	2	9
2	7	6	4	8	9	1	3	5
7	5	8	2	9	6	3	4	1
1	2	4	7	5	3	8	9	6
9	6	3	1	4	8	2	5	7

16

1	7	4	6	3	8	9	2	5
9	3	2	4	5	7	1	6	8
6	8	5	9	2	1	3	7	4
8	5	6	3	1	2	4	9	7
3	1	9	7	4	6	5	8	2
2	4	7	5	8	9	6	3	1
7	6	1	8	9	5	2	4	3
5	9	3	2	7	4	8	1	6
4	2	8	1	6	3	7	5	9

17

4	5	1	3	2	8	9	6	7
2	8	6	1	7	9	3	5	4
3	7	9	4	5	6	1	8	2
8	9	4	6	3	2	7	1	5
6	3	5	7	1	4	2	9	8
1	2	7	8	9	5	4	3	6
7	1	2	5	8	3	6	4	9
5	6	3	9	4	7	8	2	1
9	4	8	2	6	1	5	7	3

18

3	7	4	8	9	6	1	2	5
8	5	6	2	4	1	7	9	3
2	9	1	3	5	7	4	8	6
9	6	2	7	1	4	3	5	8
1	8	5	9	6	3	2	4	7
4	3	7	5	8	2	6	1	9
5	1	3	6	2	8	9	7	4
6	4	9	1	7	5	8	3	2
7	2	8	4	3	9	5	6	1

19

1	8	4	3	7	9	2	5	6
3	2	9	8	5	6	4	7	1
5	7	6	4	1	2	3	8	9
2	5	8	9	3	4	1	6	7
6	1	7	2	8	5	9	4	3
9	4	3	7	6	1	5	2	8
8	3	5	1	4	7	6	9	2
7	6	2	5	9	3	8	1	4
4	9	1	6	2	8	7	3	5

20

4	3	6	2	7	5	1	8	9
1	2	5	6	8	9	4	3	7
7	9	8	4	3	1	2	6	5
3	8	4	5	6	2	7	9	1
2	6	1	7	9	4	3	5	8
9	5	7	3	1	8	6	4	2
5	4	3	9	2	7	8	1	6
8	7	9	1	4	6	5	2	3
6	1	2	8	5	3	9	7	4

21

2	1	9	5	7	4	6	8	3
7	4	8	1	3	6	2	9	5
5	6	3	9	2	8	1	4	7
6	9	4	3	1	7	8	5	2
3	2	7	8	4	5	9	1	6
1	8	5	2	6	9	7	3	4
4	5	2	7	9	1	3	6	8
8	3	1	6	5	2	4	7	9
9	7	6	4	8	3	5	2	1

22

9	7	6	3	5	2	1	4	8
2	1	3	4	6	8	5	7	9
5	4	8	9	1	7	3	2	6
6	8	2	5	3	1	7	9	4
3	9	7	6	8	4	2	1	5
4	5	1	7	2	9	8	6	3
7	3	5	2	4	6	9	8	1
8	6	9	1	7	3	4	5	2
1	2	4	8	9	5	6	3	7

23

4	5	6	7	9	1	2	8	3
9	3	7	5	2	8	6	4	1
2	1	8	6	4	3	5	7	9
8	9	3	1	7	2	4	6	5
6	4	1	8	3	5	7	9	2
7	2	5	4	6	9	3	1	8
5	8	4	2	1	6	9	3	7
3	6	2	9	8	7	1	5	4
1	7	9	3	5	4	8	2	6

24

3	1	8	5	4	9	7	2	6
5	2	9	6	3	7	4	8	1
7	6	4	1	2	8	3	9	5
4	9	5	3	7	2	1	6	8
2	8	1	4	9	6	5	3	7
6	3	7	8	1	5	9	4	2
1	7	6	9	8	3	2	5	4
8	4	3	2	5	1	6	7	9
9	5	2	7	6	4	8	1	3

25

4	3	7	1	5	8	9	6	2
6	1	8	2	4	9	5	7	3
9	5	2	3	6	7	4	1	8
8	6	1	5	9	2	7	3	4
5	2	4	7	3	6	1	8	9
7	9	3	4	8	1	6	2	5
3	7	5	8	1	4	2	9	6
1	8	6	9	2	5	3	4	7
2	4	9	6	7	3	8	5	1

26

7	8	3	9	1	6	4	5	2
6	5	9	4	7	2	8	1	3
4	1	2	3	5	8	7	6	9
1	2	7	8	6	3	5	9	4
5	9	8	2	4	7	6	3	1
3	6	4	1	9	5	2	8	7
8	7	1	5	2	9	3	4	6
2	4	5	6	3	1	9	7	8
9	3	6	7	8	4	1	2	5

27

4	7	1	8	3	5	2	9	6
3	9	6	7	1	2	4	8	5
8	5	2	9	6	4	7	3	1
2	6	4	1	7	9	8	5	3
1	3	5	2	8	6	9	7	4
9	8	7	4	5	3	1	6	2
6	1	8	5	4	7	3	2	9
5	4	9	3	2	8	6	1	7
7	2	3	6	9	1	5	4	8

28

2	4	5	9	1	6	3	7	8
9	6	1	8	3	7	2	4	5
8	3	7	5	4	2	6	9	1
1	8	9	2	6	3	4	5	7
6	2	4	7	5	9	8	1	3
5	7	3	1	8	4	9	2	6
4	5	8	3	2	1	7	6	9
3	9	6	4	7	5	1	8	2
7	1	2	6	9	8	5	3	4

29

2	8	5	6	4	1	7	3	9
4	9	1	3	7	2	6	8	5
6	3	7	8	5	9	2	1	4
7	4	8	5	2	6	1	9	3
3	1	2	9	8	7	5	4	6
9	5	6	1	3	4	8	7	2
1	7	9	4	6	5	3	2	8
8	6	4	2	1	3	9	5	7
5	2	3	7	9	8	4	6	1

30

6	9	2	8	5	4	1	7	3
3	5	8	2	1	7	9	4	6
7	4	1	6	9	3	5	8	2
4	8	3	1	7	2	6	9	5
9	6	7	5	3	8	4	2	1
2	1	5	4	6	9	8	3	7
1	3	4	9	2	5	7	6	8
8	2	6	7	4	1	3	5	9
5	7	9	3	8	6	2	1	4

31

1	5	2	3	8	7	4	9	6
8	6	3	4	9	1	2	5	7
7	4	9	2	5	6	1	3	8
2	9	4	8	6	5	7	1	3
3	7	8	1	2	4	9	6	5
5	1	6	7	3	9	8	4	2
9	3	7	5	4	2	6	8	1
4	2	5	6	1	8	3	7	9
6	8	1	9	7	3	5	2	4

32

7	8	9	3	4	2	6	1	5
4	1	2	6	5	7	9	3	8
5	6	3	9	1	8	7	2	4
2	5	1	7	9	3	4	8	6
3	9	8	2	6	4	1	5	7
6	4	7	1	8	5	3	9	2
8	7	4	5	3	9	2	6	1
1	3	5	4	2	6	8	7	9
9	2	6	8	7	1	5	4	3

33

7	8	9	3	4	6	1	5	2
2	4	1	9	5	8	3	7	6
5	3	6	1	7	2	9	8	4
3	9	5	2	1	4	7	6	8
8	6	4	7	3	9	5	2	1
1	2	7	6	8	5	4	3	9
9	7	3	8	2	1	6	4	5
4	1	8	5	6	3	2	9	7
6	5	2	4	9	7	8	1	3

34

3	4	7	8	5	6	9	2	1
2	6	1	4	9	3	5	7	8
5	9	8	7	1	2	4	3	6
6	2	4	9	7	8	1	5	3
7	3	5	1	2	4	6	8	9
1	8	9	3	6	5	7	4	2
9	1	3	5	8	7	2	6	4
8	5	6	2	4	1	3	9	7
4	7	2	6	3	9	8	1	5

35

2	8	3	6	9	1	5	7	4
9	4	1	7	5	8	3	2	6
6	7	5	2	4	3	9	8	1
8	6	2	3	1	5	7	4	9
7	5	4	9	2	6	8	1	3
1	3	9	8	7	4	2	6	5
3	9	6	1	8	7	4	5	2
4	2	8	5	6	9	1	3	7
5	1	7	4	3	2	6	9	8

36

2	7	5	9	8	6	4	3	1
1	3	6	5	2	4	7	9	8
4	8	9	1	7	3	2	5	6
8	2	4	7	3	1	9	6	5
9	6	1	2	5	8	3	4	7
3	5	7	6	4	9	8	1	2
5	4	3	8	6	2	1	7	9
7	1	8	4	9	5	6	2	3
6	9	2	3	1	7	5	8	4

37

6	9	4	2	1	8	3	5	7
7	2	5	3	6	4	8	1	9
1	8	3	5	9	7	6	4	2
3	6	9	8	7	1	5	2	4
4	5	8	9	2	6	1	7	3
2	7	1	4	3	5	9	6	8
5	4	2	1	8	9	7	3	6
9	3	7	6	5	2	4	8	1
8	1	6	7	4	3	2	9	5

38

9	2	5	8	7	4	3	1	6
4	3	8	1	2	6	9	7	5
1	6	7	5	9	3	4	8	2
3	8	9	7	4	2	6	5	1
2	5	6	3	1	9	8	4	7
7	1	4	6	8	5	2	3	9
5	4	2	9	3	1	7	6	8
6	7	3	2	5	8	1	9	4
8	9	1	4	6	7	5	2	3

39

5	4	2	6	9	7	3	1	8
6	7	1	2	3	8	4	9	5
8	9	3	5	1	4	6	7	2
7	3	5	8	4	9	2	6	1
1	8	9	3	6	2	7	5	4
4	2	6	1	7	5	8	3	9
9	1	7	4	8	6	5	2	3
3	5	4	7	2	1	9	8	6
2	6	8	9	5	3	1	4	7

40

2	4	1	6	9	5	7	3	8
6	7	3	8	1	2	4	9	5
8	5	9	4	7	3	6	2	1
5	2	8	7	3	4	9	1	6
9	1	4	2	5	6	3	8	7
3	6	7	1	8	9	2	5	4
4	8	6	3	2	1	5	7	9
7	9	2	5	6	8	1	4	3
1	3	5	9	4	7	8	6	2

41

7	6	4	5	9	2	8	1	3
1	5	8	3	6	7	4	9	2
2	9	3	4	1	8	5	6	7
3	1	9	8	5	4	2	7	6
4	8	2	6	7	1	9	3	5
6	7	5	9	2	3	1	4	8
8	2	6	7	4	9	3	5	1
9	3	7	1	8	5	6	2	4
5	4	1	2	3	6	7	8	9

42

6	2	5	9	1	4	8	7	3
1	8	7	3	2	6	4	5	9
4	3	9	8	5	7	6	2	1
7	5	3	1	4	2	9	6	8
8	6	2	5	9	3	7	1	4
9	1	4	7	6	8	2	3	5
2	9	8	6	3	1	5	4	7
3	7	6	4	8	5	1	9	2
5	4	1	2	7	9	3	8	6

43

2	4	8	1	3	6	7	5	9
3	5	6	9	2	7	1	4	8
7	1	9	4	5	8	2	3	6
6	7	4	5	9	2	3	8	1
9	2	3	8	1	4	5	6	7
5	8	1	6	7	3	9	2	4
4	9	2	7	6	5	8	1	3
8	3	7	2	4	1	6	9	5
1	6	5	3	8	9	4	7	2

44

1	8	4	7	6	9	3	2	5
5	6	9	4	3	2	7	8	1
7	3	2	5	8	1	6	9	4
6	4	5	9	7	3	8	1	2
8	2	3	1	5	4	9	7	6
9	7	1	8	2	6	5	4	3
2	1	6	3	9	8	4	5	7
4	5	8	6	1	7	2	3	9
3	9	7	2	4	5	1	6	8

45

7	6	3	9	4	5	2	1	8
1	5	2	8	3	7	9	4	6
8	4	9	1	2	6	7	3	5
5	2	7	3	1	4	6	8	9
4	9	6	2	7	8	1	5	3
3	1	8	6	5	9	4	7	2
2	8	1	7	9	3	5	6	4
9	3	5	4	6	1	8	2	7
6	7	4	5	8	2	3	9	1

46

4	2	1	5	8	7	9	6	3
3	9	5	4	6	1	7	8	2
6	7	8	3	9	2	5	1	4
1	3	6	9	2	4	8	5	7
9	8	2	6	7	5	4	3	1
5	4	7	8	1	3	6	2	9
7	6	4	2	3	8	1	9	5
8	5	3	1	4	9	2	7	6
2	1	9	7	5	6	3	4	8

47

3	4	5	2	1	9	6	7	8
7	9	8	6	3	5	4	1	2
1	2	6	7	8	4	9	5	3
6	3	7	5	4	2	1	8	9
9	8	1	3	7	6	2	4	5
4	5	2	8	9	1	3	6	7
5	6	4	9	2	8	7	3	1
2	1	3	4	5	7	8	9	6
8	7	9	1	6	3	5	2	4

48

5	7	6	9	1	8	4	2	3
4	1	3	5	2	6	7	9	8
2	8	9	4	7	3	6	1	5
8	2	1	7	6	4	5	3	9
6	9	5	3	8	2	1	4	7
7	3	4	1	5	9	2	8	6
9	4	7	2	3	5	8	6	1
3	5	8	6	4	1	9	7	2
1	6	2	8	9	7	3	5	4

49

1	2	7	4	6	3	8	5	9
3	9	8	1	2	5	6	7	4
4	5	6	9	7	8	2	3	1
6	1	2	3	8	9	7	4	5
9	7	5	6	4	2	3	1	8
8	4	3	5	1	7	9	2	6
5	6	9	2	3	4	1	8	7
2	8	4	7	9	1	5	6	3
7	3	1	8	5	6	4	9	2

50

2	7	4	1	5	8	6	3	9
5	9	6	3	7	4	8	1	2
1	8	3	2	6	9	4	5	7
3	4	9	5	1	2	7	6	8
8	2	7	6	4	3	1	9	5
6	5	1	9	8	7	3	2	4
4	6	5	7	2	1	9	8	3
9	1	8	4	3	5	2	7	6
7	3	2	8	9	6	5	4	1

51

4	9	3	1	2	5	6	7	8
5	7	8	6	4	3	9	2	1
6	1	2	7	9	8	5	4	3
1	6	4	2	3	7	8	5	9
2	8	7	9	5	1	4	3	6
9	3	5	4	8	6	7	1	2
3	4	1	8	7	9	2	6	5
8	2	6	5	1	4	3	9	7
7	5	9	3	6	2	1	8	4

52

7	6	3	5	9	8	1	2	4
4	5	9	2	7	1	3	8	6
1	2	8	4	6	3	9	5	7
5	7	6	1	3	4	2	9	8
2	3	1	6	8	9	4	7	5
9	8	4	7	2	5	6	1	3
6	1	2	3	5	7	8	4	9
8	4	5	9	1	6	7	3	2
3	9	7	8	4	2	5	6	1

53

3	9	5	7	1	2	6	8	4
7	8	2	4	6	5	1	3	9
4	6	1	8	9	3	5	2	7
8	5	3	9	7	4	2	6	1
1	2	7	3	5	6	4	9	8
6	4	9	2	8	1	7	5	3
5	7	4	6	3	9	8	1	2
2	3	6	1	4	8	9	7	5
9	1	8	5	2	7	3	4	6

54

3	6	4	9	5	8	7	1	2
8	1	2	4	6	7	3	9	5
5	9	7	3	2	1	4	6	8
6	3	9	7	8	2	1	5	4
7	2	5	1	4	6	8	3	9
4	8	1	5	9	3	6	2	7
2	7	6	8	3	9	5	4	1
9	5	8	6	1	4	2	7	3
1	4	3	2	7	5	9	8	6

55

8	3	4	1	7	9	5	2	6
2	1	5	6	3	4	7	9	8
9	6	7	5	2	8	4	3	1
6	2	1	4	9	5	8	7	3
7	9	8	3	6	1	2	4	5
5	4	3	7	8	2	6	1	9
4	5	2	8	1	3	9	6	7
1	7	9	2	5	6	3	8	4
3	8	6	9	4	7	1	5	2

56

4	8	6	9	2	5	1	7	3
7	3	1	6	4	8	5	9	2
2	5	9	3	7	1	8	4	6
9	7	2	5	1	6	3	8	4
8	1	5	2	3	4	7	6	9
3	6	4	7	8	9	2	1	5
5	4	7	8	6	2	9	3	1
6	9	3	1	5	7	4	2	8
1	2	8	4	9	3	6	5	7

57

5	1	2	8	6	4	9	7	3
3	9	4	1	7	5	8	6	2
8	6	7	3	9	2	4	5	1
6	5	9	2	4	8	3	1	7
4	7	1	9	3	6	2	8	5
2	3	8	7	5	1	6	4	9
9	8	5	6	2	7	1	3	4
1	4	3	5	8	9	7	2	6
7	2	6	4	1	3	5	9	8

58

2	6	8	5	9	1	7	3	4
4	9	7	6	3	8	5	1	2
3	5	1	2	7	4	8	6	9
7	3	4	1	5	2	6	9	8
9	2	5	3	8	6	4	7	1
1	8	6	7	4	9	3	2	5
6	4	3	9	1	5	2	8	7
5	1	2	8	6	7	9	4	3
8	7	9	4	2	3	1	5	6

59

6	8	7	1	4	3	2	9	5
5	3	2	7	9	6	1	4	8
1	4	9	2	8	5	7	6	3
3	1	5	4	6	2	9	8	7
8	2	6	9	3	7	5	1	4
7	9	4	5	1	8	6	3	2
2	6	8	3	7	1	4	5	9
4	7	1	8	5	9	3	2	6
9	5	3	6	2	4	8	7	1

60

1	5	3	8	6	9	7	2	4
9	2	7	1	3	4	8	6	5
6	4	8	5	7	2	3	9	1
3	7	9	4	1	6	2	5	8
2	1	5	7	9	8	6	4	3
4	8	6	3	2	5	1	7	9
7	3	2	9	5	1	4	8	6
8	9	1	6	4	7	5	3	2
5	6	4	2	8	3	9	1	7

61

9	1	2	5	7	4	6	3	8
6	4	3	8	9	2	1	7	5
7	8	5	6	1	3	4	9	2
3	5	9	7	4	6	8	2	1
4	6	8	9	2	1	3	5	7
2	7	1	3	8	5	9	4	6
1	9	7	2	3	8	5	6	4
5	2	4	1	6	9	7	8	3
8	3	6	4	5	7	2	1	9

62

6	3	7	4	5	1	2	9	8
5	9	4	6	2	8	7	3	1
1	8	2	9	3	7	4	6	5
7	4	8	1	9	2	3	5	6
2	6	5	3	8	4	1	7	9
3	1	9	7	6	5	8	2	4
9	7	1	2	4	6	5	8	3
4	5	3	8	7	9	6	1	2
8	2	6	5	1	3	9	4	7

63

9	7	8	4	5	6	3	2	1
1	4	6	2	3	9	7	8	5
3	2	5	8	1	7	6	9	4
4	5	2	9	7	8	1	6	3
6	9	7	1	2	3	5	4	8
8	3	1	6	4	5	2	7	9
2	8	9	5	6	1	4	3	7
5	6	3	7	8	4	9	1	2
7	1	4	3	9	2	8	5	6

64

1	8	5	9	2	7	4	6	3
9	2	6	8	3	4	5	7	1
3	7	4	5	6	1	8	9	2
2	6	9	7	8	5	1	3	4
8	4	3	1	9	6	2	5	7
5	1	7	3	4	2	6	8	9
7	3	2	6	1	8	9	4	5
4	9	8	2	5	3	7	1	6
6	5	1	4	7	9	3	2	8

65

3	5	2	7	4	1	9	8	6
8	1	4	9	3	6	2	7	5
7	6	9	2	5	8	3	1	4
6	9	1	8	2	4	7	5	3
4	3	5	1	6	7	8	9	2
2	7	8	3	9	5	4	6	1
9	4	7	5	1	3	6	2	8
1	8	3	6	7	2	5	4	9
5	2	6	4	8	9	1	3	7

66

1	5	9	7	3	2	8	4	6
8	7	3	4	1	6	5	9	2
6	4	2	5	9	8	1	3	7
7	1	6	2	5	9	4	8	3
3	2	8	6	4	1	7	5	9
5	9	4	8	7	3	6	2	1
2	3	5	1	6	4	9	7	8
9	6	7	3	8	5	2	1	4
4	8	1	9	2	7	3	6	5

67

1	9	2	5	4	7	8	3	6
6	3	4	8	1	9	2	5	7
7	5	8	3	2	6	1	4	9
2	1	6	9	3	4	5	7	8
5	7	3	1	8	2	9	6	4
4	8	9	7	6	5	3	1	2
8	6	7	2	5	3	4	9	1
9	2	5	4	7	1	6	8	3
3	4	1	6	9	8	7	2	5

68

4	9	7	8	3	5	2	1	6
2	5	1	7	9	6	8	4	3
3	6	8	4	1	2	9	5	7
8	7	3	5	4	1	6	9	2
5	2	9	6	8	7	4	3	1
6	1	4	3	2	9	7	8	5
9	8	2	1	6	3	5	7	4
7	3	6	9	5	4	1	2	8
1	4	5	2	7	8	3	6	9

69

1	9	5	6	2	8	4	7	3
4	7	6	1	3	9	8	5	2
3	8	2	5	4	7	9	1	6
9	2	1	3	8	5	6	4	7
6	3	7	4	9	2	1	8	5
8	5	4	7	6	1	2	3	9
5	6	3	9	1	4	7	2	8
2	1	9	8	7	3	5	6	4
7	4	8	2	5	6	3	9	1

70

3	8	5	7	1	4	9	6	2
7	4	2	9	5	6	3	1	8
9	6	1	3	2	8	5	7	4
5	1	9	8	3	2	6	4	7
4	2	3	5	6	7	8	9	1
6	7	8	1	4	9	2	3	5
2	3	4	6	8	1	7	5	9
1	9	6	2	7	5	4	8	3
8	5	7	4	9	3	1	2	6

71

3	9	4	2	6	5	7	1	8
7	6	8	1	3	4	2	5	9
1	5	2	7	8	9	3	4	6
6	3	1	9	5	8	4	7	2
8	7	5	4	2	3	6	9	1
4	2	9	6	1	7	8	3	5
2	4	6	3	9	1	5	8	7
9	8	7	5	4	6	1	2	3
5	1	3	8	7	2	9	6	4

72

9	5	2	6	4	3	7	1	8
4	7	1	9	8	2	6	3	5
6	8	3	1	7	5	2	4	9
2	4	6	5	3	7	8	9	1
5	3	9	2	1	8	4	7	6
8	1	7	4	9	6	3	5	2
3	6	8	7	5	1	9	2	4
7	9	5	8	2	4	1	6	3
1	2	4	3	6	9	5	8	7

73

8	2	3	6	5	7	9	4	1
5	7	1	4	2	9	8	6	3
4	6	9	1	3	8	7	2	5
7	4	8	2	9	5	3	1	6
2	3	5	7	1	6	4	9	8
1	9	6	8	4	3	2	5	7
9	8	4	5	7	1	6	3	2
3	1	7	9	6	2	5	8	4
6	5	2	3	8	4	1	7	9

74

7	3	6	8	2	1	5	9	4
4	8	9	6	5	7	3	1	2
2	1	5	3	9	4	6	7	8
9	5	3	1	8	2	4	6	7
1	4	8	7	6	3	2	5	9
6	2	7	5	4	9	1	8	3
8	7	1	4	3	5	9	2	6
3	6	2	9	1	8	7	4	5
5	9	4	2	7	6	8	3	1

75

5	7	4	9	3	2	1	8	6
3	6	8	4	1	7	9	5	2
1	9	2	5	6	8	3	4	7
7	4	5	3	2	6	8	9	1
6	3	9	8	4	1	2	7	5
2	8	1	7	9	5	4	6	3
9	1	7	2	5	4	6	3	8
8	2	3	6	7	9	5	1	4
4	5	6	1	8	3	7	2	9

76

2	7	8	6	9	3	4	5	1
4	6	5	2	1	7	3	9	8
3	1	9	4	8	5	7	2	6
8	9	3	7	6	4	2	1	5
7	2	6	5	3	1	8	4	9
1	5	4	8	2	9	6	3	7
5	8	2	1	4	6	9	7	3
9	4	7	3	5	8	1	6	2
6	3	1	9	7	2	5	8	4

77

7	3	2	9	5	6	1	4	8
1	6	4	7	2	8	3	9	5
9	5	8	3	4	1	6	2	7
4	9	5	2	6	7	8	3	1
3	1	6	8	9	4	5	7	2
8	2	7	5	1	3	4	6	9
5	4	9	1	3	2	7	8	6
6	8	1	4	7	9	2	5	3
2	7	3	6	8	5	9	1	4

78

4	6	7	1	8	5	2	9	3
8	1	3	2	9	4	6	7	5
9	5	2	6	7	3	1	4	8
7	4	5	9	6	8	3	1	2
3	9	8	5	2	1	4	6	7
6	2	1	4	3	7	5	8	9
2	3	6	7	4	9	8	5	1
1	8	9	3	5	6	7	2	4
5	7	4	8	1	2	9	3	6

79

6	7	4	3	8	9	5	1	2
5	9	8	4	2	1	3	6	7
3	1	2	6	5	7	8	4	9
1	5	7	8	4	2	9	3	6
2	6	3	9	1	5	7	8	4
4	8	9	7	6	3	1	2	5
8	3	6	5	9	4	2	7	1
7	2	5	1	3	6	4	9	8
9	4	1	2	7	8	6	5	3

80

9	8	4	6	5	7	2	1	3
3	7	5	1	4	2	6	8	9
1	2	6	8	3	9	4	5	7
8	1	7	4	6	3	9	2	5
2	6	3	7	9	5	1	4	8
5	4	9	2	8	1	7	3	6
7	5	1	3	2	6	8	9	4
4	9	2	5	7	8	3	6	1
6	3	8	9	1	4	5	7	2

81

7	5	8	4	9	6	3	1	2
9	3	4	5	2	1	7	8	6
1	6	2	8	7	3	5	4	9
2	7	1	9	3	8	4	6	5
5	9	3	6	4	7	1	2	8
4	8	6	1	5	2	9	3	7
3	4	5	2	8	9	6	7	1
6	2	7	3	1	5	8	9	4
8	1	9	7	6	4	2	5	3

82

7	4	8	6	3	5	1	9	2
1	5	9	2	4	7	8	6	3
3	2	6	8	9	1	5	4	7
5	7	2	1	6	9	4	3	8
8	6	1	3	7	4	9	2	5
9	3	4	5	2	8	6	7	1
4	1	7	9	8	3	2	5	6
2	9	5	7	1	6	3	8	4
6	8	3	4	5	2	7	1	9

83

4	2	9	1	5	3	8	7	6
5	6	1	8	7	9	4	2	3
3	8	7	6	4	2	5	9	1
2	9	5	3	8	6	1	4	7
1	7	6	4	2	5	3	8	9
8	3	4	9	1	7	6	5	2
6	5	2	7	3	4	9	1	8
7	1	3	5	9	8	2	6	4
9	4	8	2	6	1	7	3	5

84

4	5	2	6	7	9	3	1	8
7	1	6	4	3	8	5	2	9
9	8	3	2	1	5	4	6	7
2	6	7	9	4	1	8	3	5
8	3	9	5	2	6	7	4	1
5	4	1	3	8	7	2	9	6
1	2	5	7	9	4	6	8	3
3	7	8	1	6	2	9	5	4
6	9	4	8	5	3	1	7	2

85

4	2	5	3	9	8	7	1	6
3	7	1	6	5	2	4	8	9
8	6	9	7	1	4	3	2	5
2	9	8	1	6	3	5	7	4
5	1	3	4	2	7	6	9	8
7	4	6	5	8	9	1	3	2
1	8	4	2	3	6	9	5	7
9	5	7	8	4	1	2	6	3
6	3	2	9	7	5	8	4	1

86

7	1	6	4	9	5	3	2	8
9	5	3	8	2	6	7	4	1
4	8	2	7	3	1	6	5	9
3	2	9	1	6	4	8	7	5
8	6	5	3	7	2	1	9	4
1	4	7	5	8	9	2	3	6
6	7	1	9	4	3	5	8	2
5	3	4	2	1	8	9	6	7
2	9	8	6	5	7	4	1	3

87

8	7	9	3	2	5	1	4	6
2	1	6	4	9	7	8	5	3
3	4	5	6	8	1	9	2	7
4	5	8	9	1	6	7	3	2
1	2	3	8	7	4	5	6	9
6	9	7	5	3	2	4	8	1
9	8	4	7	6	3	2	1	5
5	3	1	2	4	9	6	7	8
7	6	2	1	5	8	3	9	4

88

4	3	7	8	5	9	6	1	2
5	8	6	3	2	1	4	9	7
2	1	9	7	6	4	8	5	3
9	7	5	1	3	8	2	4	6
8	4	2	5	7	6	1	3	9
1	6	3	9	4	2	7	8	5
3	9	8	2	1	7	5	6	4
7	5	4	6	8	3	9	2	1
6	2	1	4	9	5	3	7	8

89

5	4	1	3	2	7	9	6	8
9	3	6	5	1	8	7	2	4
8	7	2	4	9	6	3	1	5
6	8	4	9	7	3	1	5	2
2	5	9	6	8	1	4	7	3
7	1	3	2	5	4	6	8	9
1	2	5	7	3	9	8	4	6
4	9	7	8	6	2	5	3	1
3	6	8	1	4	5	2	9	7

90

3	7	9	5	1	4	8	6	2
8	2	1	6	9	7	4	5	3
6	4	5	3	2	8	1	9	7
5	8	3	2	4	6	7	1	9
7	9	6	1	5	3	2	4	8
4	1	2	8	7	9	5	3	6
9	5	7	4	6	2	3	8	1
2	3	4	9	8	1	6	7	5
1	6	8	7	3	5	9	2	4

91

7	4	6	5	1	9	8	3	2
9	2	8	3	6	7	4	5	1
3	5	1	8	4	2	6	7	9
1	9	4	7	2	5	3	8	6
2	7	3	6	8	1	9	4	5
8	6	5	9	3	4	2	1	7
4	1	7	2	9	3	5	6	8
6	3	9	1	5	8	7	2	4
5	8	2	4	7	6	1	9	3

92

2	1	9	8	6	7	5	3	4
3	7	4	5	9	2	8	1	6
6	8	5	1	4	3	2	7	9
7	9	2	6	8	1	3	4	5
4	6	1	2	3	5	9	8	7
5	3	8	4	7	9	6	2	1
9	2	3	7	5	4	1	6	8
8	5	7	3	1	6	4	9	2
1	4	6	9	2	8	7	5	3

93

2	4	1	7	8	3	6	5	9
7	3	5	9	1	6	2	8	4
6	8	9	5	4	2	3	1	7
3	5	2	4	7	1	9	6	8
8	7	4	3	6	9	1	2	5
1	9	6	8	2	5	7	4	3
5	1	7	2	9	8	4	3	6
9	6	8	1	3	4	5	7	2
4	2	3	6	5	7	8	9	1

94

2	7	3	6	5	9	1	4	8
8	1	4	2	3	7	5	9	6
9	6	5	8	4	1	3	2	7
3	5	7	4	9	6	8	1	2
4	8	6	1	2	3	9	7	5
1	9	2	7	8	5	6	3	4
5	4	1	3	6	2	7	8	9
6	3	8	9	7	4	2	5	1
7	2	9	5	1	8	4	6	3

95

2	8	4	9	6	7	3	5	1
3	7	6	1	5	4	2	8	9
9	1	5	2	3	8	4	7	6
8	9	2	4	7	1	5	6	3
1	5	3	8	9	6	7	4	2
6	4	7	5	2	3	9	1	8
7	2	9	6	8	5	1	3	4
4	3	8	7	1	9	6	2	5
5	6	1	3	4	2	8	9	7

96

8	5	4	3	2	1	9	7	6
1	2	7	9	4	6	8	3	5
9	6	3	5	7	8	2	4	1
6	3	9	2	5	7	4	1	8
7	4	8	6	1	9	5	2	3
5	1	2	8	3	4	7	6	9
3	7	5	1	9	2	6	8	4
2	9	6	4	8	3	1	5	7
4	8	1	7	6	5	3	9	2

97

6	5	2	7	1	3	4	8	9
8	1	4	2	9	6	7	3	5
7	3	9	8	4	5	6	2	1
5	9	7	6	3	8	1	4	2
1	6	8	4	2	9	5	7	3
4	2	3	1	5	7	8	9	6
3	4	6	5	8	2	9	1	7
2	7	1	9	6	4	3	5	8
9	8	5	3	7	1	2	6	4

98

4	7	3	9	1	5	6	8	2
1	9	5	2	8	6	7	4	3
6	8	2	7	3	4	1	5	9
2	1	4	5	7	3	9	6	8
7	3	9	1	6	8	5	2	4
5	6	8	4	9	2	3	7	1
3	4	7	6	2	9	8	1	5
9	5	1	8	4	7	2	3	6
8	2	6	3	5	1	4	9	7

99

5	7	3	1	4	9	8	2	6
2	4	8	7	6	5	3	9	1
6	9	1	3	8	2	4	5	7
7	5	4	9	3	8	6	1	2
3	1	6	2	5	4	7	8	9
8	2	9	6	7	1	5	3	4
1	3	7	8	2	6	9	4	5
4	8	2	5	9	7	1	6	3
9	6	5	4	1	3	2	7	8

100

1	4	2	6	9	7	8	3	5
3	5	7	4	1	8	2	9	6
8	9	6	3	2	5	7	1	4
7	6	1	9	8	3	4	5	2
9	8	3	5	4	2	6	7	1
4	2	5	7	6	1	3	8	9
5	3	9	2	7	4	1	6	8
2	7	8	1	5	6	9	4	3
6	1	4	8	3	9	5	2	7

101

1	5	3	7	2	9	8	6	4
6	4	7	1	8	5	9	3	2
9	8	2	4	3	6	7	1	5
7	9	5	3	6	8	4	2	1
4	2	1	9	5	7	6	8	3
3	6	8	2	1	4	5	9	7
8	3	9	5	7	2	1	4	6
5	1	4	6	9	3	2	7	8
2	7	6	8	4	1	3	5	9

102

1	2	9	5	4	8	6	7	3
4	7	5	1	3	6	2	9	8
6	8	3	9	7	2	1	5	4
5	3	1	7	8	4	9	6	2
8	6	7	3	2	9	4	1	5
9	4	2	6	5	1	3	8	7
2	5	6	8	1	3	7	4	9
3	9	8	4	6	7	5	2	1
7	1	4	2	9	5	8	3	6

103

8	4	1	3	9	6	5	2	7
5	3	6	1	2	7	9	4	8
7	2	9	4	8	5	1	3	6
4	7	8	5	6	2	3	9	1
9	6	5	8	3	1	2	7	4
3	1	2	7	4	9	6	8	5
2	5	3	6	7	4	8	1	9
6	8	7	9	1	3	4	5	2
1	9	4	2	5	8	7	6	3

104

5	3	6	9	4	7	8	2	1
8	9	4	2	1	3	6	5	7
1	7	2	8	5	6	9	3	4
6	5	9	1	3	8	7	4	2
7	2	1	5	9	4	3	8	6
4	8	3	6	7	2	5	1	9
3	1	7	4	6	5	2	9	8
2	4	5	7	8	9	1	6	3
9	6	8	3	2	1	4	7	5

105

8	5	2	3	9	1	7	6	4
3	4	9	6	8	7	1	2	5
7	1	6	5	4	2	3	8	9
1	2	4	8	5	3	6	9	7
9	7	8	1	6	4	2	5	3
5	6	3	2	7	9	4	1	8
6	9	7	4	1	8	5	3	2
2	8	1	7	3	5	9	4	6
4	3	5	9	2	6	8	7	1

106

9	1	8	2	4	7	5	6	3
2	7	5	6	1	3	8	9	4
3	6	4	8	5	9	2	7	1
5	9	3	4	2	8	6	1	7
1	4	7	9	6	5	3	8	2
6	8	2	7	3	1	9	4	5
8	2	1	3	7	6	4	5	9
4	5	6	1	9	2	7	3	8
7	3	9	5	8	4	1	2	6

107

2	7	1	3	8	9	4	6	5
6	9	8	7	5	4	2	1	3
5	4	3	6	2	1	9	7	8
8	3	2	5	9	7	1	4	6
4	6	9	2	1	3	8	5	7
1	5	7	8	4	6	3	9	2
9	2	6	4	7	8	5	3	1
3	8	4	1	6	5	7	2	9
7	1	5	9	3	2	6	8	4

108

5	2	3	8	7	4	6	1	9
1	6	4	9	2	3	8	7	5
9	8	7	1	5	6	2	3	4
7	5	2	4	1	9	3	6	8
8	4	1	6	3	7	5	9	2
3	9	6	2	8	5	1	4	7
4	1	9	5	6	8	7	2	3
2	3	5	7	4	1	9	8	6
6	7	8	3	9	2	4	5	1

109

6	3	9	2	4	7	8	5	1
4	2	5	1	8	3	7	9	6
8	1	7	9	5	6	3	2	4
7	4	1	8	6	5	9	3	2
3	9	6	7	1	2	4	8	5
5	8	2	4	3	9	1	6	7
9	5	3	6	7	4	2	1	8
2	7	8	5	9	1	6	4	3
1	6	4	3	2	8	5	7	9

110

1	6	7	4	2	9	5	3	8
4	5	3	6	1	8	2	7	9
9	8	2	3	7	5	4	6	1
7	9	5	8	6	1	3	4	2
3	2	6	9	5	4	8	1	7
8	4	1	7	3	2	9	5	6
6	3	8	2	4	7	1	9	5
2	1	4	5	9	6	7	8	3
5	7	9	1	8	3	6	2	4

111

3	1	5	2	8	4	6	9	7
2	9	8	7	6	1	5	4	3
6	7	4	5	9	3	8	1	2
8	5	1	3	2	7	4	6	9
9	6	2	8	4	5	7	3	1
7	4	3	6	1	9	2	5	8
1	3	7	4	5	8	9	2	6
5	8	6	9	3	2	1	7	4
4	2	9	1	7	6	3	8	5

112

9	6	2	5	3	1	4	8	7
8	4	5	7	6	9	1	3	2
3	1	7	2	4	8	5	9	6
4	5	3	9	7	2	6	1	8
1	9	6	8	5	4	7	2	3
2	7	8	6	1	3	9	4	5
6	3	4	1	8	5	2	7	9
7	8	9	4	2	6	3	5	1
5	2	1	3	9	7	8	6	4

113

4	3	5	1	2	6	8	7	9
2	6	7	9	8	4	5	3	1
1	8	9	3	5	7	4	2	6
6	4	3	2	9	8	1	5	7
7	1	8	5	4	3	6	9	2
9	5	2	7	6	1	3	8	4
8	7	1	6	3	2	9	4	5
3	9	6	4	7	5	2	1	8
5	2	4	8	1	9	7	6	3

114

2	4	1	3	7	6	9	5	8
9	7	8	5	1	4	6	2	3
3	6	5	9	8	2	7	4	1
5	3	7	8	4	1	2	9	6
4	2	9	7	6	3	8	1	5
1	8	6	2	5	9	3	7	4
7	1	3	4	2	8	5	6	9
6	9	2	1	3	5	4	8	7
8	5	4	6	9	7	1	3	2

115

9	1	5	3	2	6	8	7	4
6	3	8	7	5	4	2	1	9
7	2	4	1	8	9	3	5	6
1	6	3	2	7	8	4	9	5
4	7	2	5	9	3	6	8	1
8	5	9	4	6	1	7	3	2
2	9	7	8	4	5	1	6	3
3	4	6	9	1	7	5	2	8
5	8	1	6	3	2	9	4	7

116

9	6	3	2	8	7	1	5	4
5	2	8	1	6	4	7	3	9
1	7	4	5	9	3	6	8	2
2	8	9	3	5	1	4	6	7
6	1	7	9	4	8	3	2	5
4	3	5	6	7	2	8	9	1
7	4	6	8	2	5	9	1	3
3	9	2	7	1	6	5	4	8
8	5	1	4	3	9	2	7	6

117

1	3	2	7	5	6	8	9	4
7	9	4	8	3	1	2	6	5
5	8	6	9	4	2	7	1	3
2	6	8	5	9	7	4	3	1
4	5	3	2	1	8	9	7	6
9	1	7	3	6	4	5	2	8
3	4	9	1	7	5	6	8	2
6	2	1	4	8	9	3	5	7
8	7	5	6	2	3	1	4	9

118

9	3	1	8	4	7	6	2	5
6	5	7	3	9	2	8	1	4
4	2	8	6	5	1	7	3	9
8	9	6	2	1	3	5	4	7
3	7	2	4	6	5	1	9	8
5	1	4	7	8	9	3	6	2
7	6	9	1	2	8	4	5	3
1	8	5	9	3	4	2	7	6
2	4	3	5	7	6	9	8	1

119

6	7	2	4	1	5	3	9	8
3	4	5	9	7	8	1	6	2
9	1	8	2	3	6	5	7	4
5	3	9	1	8	4	6	2	7
7	8	6	5	2	3	4	1	9
4	2	1	6	9	7	8	3	5
2	9	4	8	6	1	7	5	3
8	6	7	3	5	2	9	4	1
1	5	3	7	4	9	2	8	6

120

6	3	8	2	9	4	7	5	1
2	1	4	8	5	7	3	6	9
7	5	9	6	3	1	2	8	4
9	7	1	3	6	2	8	4	5
3	4	2	1	8	5	9	7	6
8	6	5	7	4	9	1	2	3
1	8	6	4	2	3	5	9	7
5	2	3	9	7	6	4	1	8
4	9	7	5	1	8	6	3	2

121

4	2	3	1	7	5	6	9	8
5	9	6	8	3	4	1	2	7
7	8	1	6	2	9	5	3	4
3	6	5	9	1	7	8	4	2
1	7	2	4	5	8	9	6	3
9	4	8	3	6	2	7	1	5
8	3	4	5	9	6	2	7	1
6	1	7	2	8	3	4	5	9
2	5	9	7	4	1	3	8	6

122

6	8	2	9	1	5	3	7	4
1	7	9	6	3	4	8	2	5
5	4	3	2	7	8	6	9	1
2	9	1	5	6	7	4	3	8
4	3	5	8	2	9	1	6	7
8	6	7	3	4	1	2	5	9
7	2	8	1	5	6	9	4	3
3	1	4	7	9	2	5	8	6
9	5	6	4	8	3	7	1	2

123

2	7	3	4	1	9	6	8	5
8	1	9	5	6	7	4	3	2
5	4	6	2	8	3	9	7	1
1	9	2	3	7	8	5	4	6
4	3	8	1	5	6	2	9	7
6	5	7	9	4	2	8	1	3
3	8	1	6	9	5	7	2	4
7	2	5	8	3	4	1	6	9
9	6	4	7	2	1	3	5	8

124

2	1	3	4	5	6	9	7	8
9	6	7	8	2	1	3	5	4
8	5	4	7	9	3	2	6	1
1	4	5	6	3	8	7	2	9
6	3	9	2	7	4	1	8	5
7	2	8	5	1	9	6	4	3
5	9	2	1	4	7	8	3	6
3	7	6	9	8	5	4	1	2
4	8	1	3	6	2	5	9	7

125

2	8	1	9	3	5	4	7	6
3	4	6	1	7	2	8	5	9
7	5	9	8	6	4	2	1	3
9	1	3	6	2	7	5	8	4
8	6	2	5	4	1	9	3	7
5	7	4	3	8	9	6	2	1
6	3	7	2	9	8	1	4	5
4	2	5	7	1	6	3	9	8
1	9	8	4	5	3	7	6	2

126

8	9	3	7	2	6	1	4	5
4	7	1	3	5	8	6	2	9
6	5	2	1	4	9	3	8	7
7	4	5	6	9	3	8	1	2
2	3	9	5	8	1	7	6	4
1	6	8	4	7	2	5	9	3
5	1	6	9	3	4	2	7	8
9	8	7	2	1	5	4	3	6
3	2	4	8	6	7	9	5	1

127

1	7	6	9	2	3	5	4	8
2	9	5	8	6	4	7	3	1
8	4	3	1	5	7	6	2	9
5	6	8	3	4	2	9	1	7
4	1	9	6	7	8	3	5	2
3	2	7	5	1	9	4	8	6
9	5	2	7	3	1	8	6	4
6	8	4	2	9	5	1	7	3
7	3	1	4	8	6	2	9	5

128

3	4	5	2	7	1	8	6	9
7	9	2	6	8	5	3	1	4
6	1	8	3	9	4	7	5	2
1	5	9	4	6	3	2	7	8
2	6	7	9	1	8	5	4	3
4	8	3	5	2	7	1	9	6
9	7	6	8	5	2	4	3	1
5	2	4	1	3	9	6	8	7
8	3	1	7	4	6	9	2	5

129

8	6	7	9	4	5	3	1	2
4	3	5	1	7	2	9	8	6
9	2	1	6	8	3	4	7	5
2	1	3	7	6	4	5	9	8
5	8	6	3	2	9	1	4	7
7	4	9	5	1	8	2	6	3
6	9	4	2	3	7	8	5	1
3	7	8	4	5	1	6	2	9
1	5	2	8	9	6	7	3	4

130

9	1	4	8	2	6	5	7	3
5	2	6	7	4	3	1	8	9
3	7	8	1	9	5	4	2	6
7	8	1	5	3	4	6	9	2
2	4	3	6	7	9	8	5	1
6	5	9	2	1	8	7	3	4
4	9	7	3	5	1	2	6	8
8	3	2	4	6	7	9	1	5
1	6	5	9	8	2	3	4	7

131

6	4	5	1	2	9	3	7	8
7	8	3	5	6	4	2	9	1
2	1	9	8	3	7	5	6	4
8	9	1	7	5	6	4	2	3
3	5	7	9	4	2	8	1	6
4	2	6	3	8	1	9	5	7
5	7	4	6	9	8	1	3	2
9	6	8	2	1	3	7	4	5
1	3	2	4	7	5	6	8	9

132

5	7	3	9	6	4	2	1	8
8	6	1	2	3	5	7	9	4
4	2	9	8	7	1	5	6	3
9	1	5	6	8	7	3	4	2
7	3	6	4	1	2	9	8	5
2	8	4	3	5	9	1	7	6
6	5	8	1	9	3	4	2	7
1	4	7	5	2	6	8	3	9
3	9	2	7	4	8	6	5	1

133

4	3	7	9	5	1	8	6	2
5	8	6	4	7	2	9	1	3
2	1	9	8	3	6	4	5	7
8	7	4	5	6	9	2	3	1
3	6	1	2	4	7	5	8	9
9	5	2	3	1	8	6	7	4
7	4	5	6	2	3	1	9	8
1	2	8	7	9	5	3	4	6
6	9	3	1	8	4	7	2	5

134

1	9	5	4	6	2	8	3	7
3	2	6	7	9	8	1	5	4
7	8	4	3	1	5	9	2	6
2	1	8	5	7	4	6	9	3
9	5	7	8	3	6	4	1	2
4	6	3	9	2	1	7	8	5
5	3	1	6	4	9	2	7	8
6	7	2	1	8	3	5	4	9
8	4	9	2	5	7	3	6	1

135

9	6	1	7	4	5	8	2	3
4	8	5	2	1	3	7	6	9
7	2	3	9	8	6	5	4	1
6	3	4	8	5	1	9	7	2
8	1	9	6	7	2	4	3	5
5	7	2	4	3	9	1	8	6
2	5	8	1	6	7	3	9	4
3	9	7	5	2	4	6	1	8
1	4	6	3	9	8	2	5	7

136

5	8	1	4	6	9	7	2	3
7	4	2	3	1	8	6	9	5
6	3	9	7	5	2	8	1	4
4	1	8	6	9	3	2	5	7
2	7	5	1	8	4	9	3	6
9	6	3	5	2	7	1	4	8
3	9	7	2	4	6	5	8	1
8	5	4	9	7	1	3	6	2
1	2	6	8	3	5	4	7	9

137

7	6	9	3	4	8	1	2	5
4	2	8	5	7	1	6	3	9
3	5	1	2	6	9	4	7	8
2	9	3	7	5	4	8	6	1
5	8	7	9	1	6	3	4	2
1	4	6	8	3	2	9	5	7
9	7	5	6	8	3	2	1	4
6	1	2	4	9	5	7	8	3
8	3	4	1	2	7	5	9	6

138

7	5	4	9	1	6	2	3	8
8	1	6	2	3	4	7	9	5
3	2	9	5	8	7	6	4	1
5	3	7	1	6	9	4	8	2
9	8	1	3	4	2	5	7	6
6	4	2	8	7	5	3	1	9
4	9	3	6	2	8	1	5	7
1	6	5	7	9	3	8	2	4
2	7	8	4	5	1	9	6	3

139

7	2	4	9	3	1	6	5	8
1	9	8	4	6	5	7	3	2
5	3	6	8	7	2	9	1	4
9	7	5	1	2	3	8	4	6
8	4	3	6	5	9	2	7	1
6	1	2	7	8	4	3	9	5
4	6	7	3	1	8	5	2	9
3	5	9	2	4	6	1	8	7
2	8	1	5	9	7	4	6	3

140

5	4	2	3	6	7	1	8	9
6	1	8	5	9	4	3	2	7
3	9	7	2	1	8	5	4	6
4	2	3	6	8	5	7	9	1
7	8	5	1	4	9	2	6	3
9	6	1	7	3	2	4	5	8
2	3	4	9	7	6	8	1	5
8	7	9	4	5	1	6	3	2
1	5	6	8	2	3	9	7	4

141

8	2	1	3	7	9	5	4	6
3	4	5	6	8	1	9	2	7
7	6	9	2	4	5	3	1	8
1	7	2	4	3	6	8	9	5
4	5	6	9	1	8	7	3	2
9	8	3	7	5	2	1	6	4
2	3	7	5	9	4	6	8	1
5	1	4	8	6	3	2	7	9
6	9	8	1	2	7	4	5	3

142

8	4	5	7	1	3	9	2	6
2	9	3	5	4	6	8	1	7
6	7	1	9	2	8	4	3	5
9	6	7	4	8	1	3	5	2
3	8	4	2	6	5	7	9	1
5	1	2	3	7	9	6	4	8
7	3	8	1	5	4	2	6	9
4	5	6	8	9	2	1	7	3
1	2	9	6	3	7	5	8	4

143

8	7	3	1	5	2	4	6	9
6	2	4	8	3	9	5	1	7
9	1	5	4	6	7	2	8	3
2	6	7	9	4	8	3	5	1
4	3	1	6	2	5	7	9	8
5	8	9	7	1	3	6	2	4
7	9	6	2	8	4	1	3	5
1	5	8	3	7	6	9	4	2
3	4	2	5	9	1	8	7	6

144

4	9	1	5	6	2	7	8	3
6	7	8	4	3	9	1	5	2
5	2	3	7	1	8	9	6	4
9	6	2	1	8	7	4	3	5
8	3	7	9	5	4	6	2	1
1	5	4	3	2	6	8	9	7
2	4	9	8	7	5	3	1	6
7	1	6	2	9	3	5	4	8
3	8	5	6	4	1	2	7	9

145

1	8	4	6	2	3	9	7	5
7	3	5	9	8	4	2	1	6
2	6	9	1	7	5	3	8	4
8	9	7	3	1	6	4	5	2
3	5	6	2	4	8	1	9	7
4	2	1	5	9	7	6	3	8
6	4	3	7	5	9	8	2	1
5	1	8	4	3	2	7	6	9
9	7	2	8	6	1	5	4	3

146

6	4	5	7	8	2	1	3	9
9	3	8	1	5	4	7	6	2
7	2	1	3	6	9	8	4	5
5	7	3	6	9	8	4	2	1
1	6	4	2	7	5	3	9	8
8	9	2	4	1	3	6	5	7
2	1	7	9	4	6	5	8	3
4	8	9	5	3	7	2	1	6
3	5	6	8	2	1	9	7	4

147

9	6	2	5	7	1	4	8	3
3	4	5	6	8	9	2	1	7
1	8	7	3	2	4	6	5	9
6	3	1	2	9	8	5	7	4
2	5	8	4	3	7	1	9	6
7	9	4	1	5	6	3	2	8
4	7	6	9	1	2	8	3	5
8	2	3	7	6	5	9	4	1
5	1	9	8	4	3	7	6	2

148

2	5	7	1	4	6	8	3	9
3	8	1	9	7	2	5	4	6
4	6	9	5	8	3	7	2	1
8	1	3	7	9	5	4	6	2
9	2	6	4	3	8	1	5	7
5	7	4	6	2	1	9	8	3
6	9	8	2	1	4	3	7	5
7	3	5	8	6	9	2	1	4
1	4	2	3	5	7	6	9	8

149

9	6	4	8	5	7	2	3	1
7	3	1	2	4	6	5	8	9
5	2	8	1	9	3	6	4	7
2	7	5	3	6	8	9	1	4
3	8	6	9	1	4	7	2	5
4	1	9	5	7	2	3	6	8
8	4	7	6	3	5	1	9	2
6	9	2	7	8	1	4	5	3
1	5	3	4	2	9	8	7	6

150

2	4	3	9	1	5	7	8	6
8	5	7	2	4	6	9	1	3
1	6	9	7	3	8	4	2	5
7	9	2	6	5	1	3	4	8
5	3	6	4	8	7	1	9	2
4	1	8	3	2	9	5	6	7
9	2	4	5	6	3	8	7	1
3	7	1	8	9	2	6	5	4
6	8	5	1	7	4	2	3	9

151

6	2	3	7	8	1	5	4	9
7	5	8	4	2	9	3	6	1
4	9	1	5	3	6	2	7	8
3	1	5	9	4	8	7	2	6
8	6	4	3	7	2	9	1	5
2	7	9	1	6	5	8	3	4
1	3	2	8	5	4	6	9	7
9	8	6	2	1	7	4	5	3
5	4	7	6	9	3	1	8	2

152

5	6	7	2	4	8	3	1	9
3	2	4	7	9	1	8	6	5
9	1	8	6	5	3	2	7	4
4	9	6	5	8	2	7	3	1
8	3	1	4	7	6	9	5	2
2	7	5	3	1	9	6	4	8
1	4	9	8	3	7	5	2	6
6	5	3	9	2	4	1	8	7
7	8	2	1	6	5	4	9	3

153

9	5	7	4	6	8	3	1	2
8	1	6	3	2	7	5	9	4
3	4	2	9	5	1	8	7	6
7	8	9	5	4	2	6	3	1
6	2	1	8	3	9	7	4	5
5	3	4	1	7	6	2	8	9
2	6	8	7	9	4	1	5	3
1	9	5	2	8	3	4	6	7
4	7	3	6	1	5	9	2	8

154

4	3	8	9	6	5	2	7	1
7	6	5	3	1	2	8	4	9
1	2	9	8	7	4	3	5	6
6	5	3	7	2	9	4	1	8
9	1	4	5	8	6	7	3	2
2	8	7	1	4	3	6	9	5
8	9	2	4	5	7	1	6	3
5	7	1	6	3	8	9	2	4
3	4	6	2	9	1	5	8	7

155

3	2	1	6	4	8	7	5	9
7	4	5	1	9	2	6	3	8
9	8	6	5	7	3	2	4	1
5	3	9	4	2	6	1	8	7
8	6	4	7	3	1	5	9	2
2	1	7	9	8	5	4	6	3
4	7	3	2	6	9	8	1	5
1	9	2	8	5	4	3	7	6
6	5	8	3	1	7	9	2	4

156

7	2	8	5	1	9	3	4	6
1	6	5	3	4	8	9	2	7
9	4	3	6	7	2	5	8	1
3	5	7	2	9	6	4	1	8
6	8	4	1	3	5	2	7	9
2	1	9	4	8	7	6	3	5
8	9	2	7	5	4	1	6	3
5	3	6	8	2	1	7	9	4
4	7	1	9	6	3	8	5	2

157

8	2	4	3	7	1	9	6	5
3	1	6	9	5	8	4	2	7
9	7	5	4	2	6	8	3	1
7	5	3	8	6	4	2	1	9
2	9	1	7	3	5	6	8	4
6	4	8	2	1	9	7	5	3
1	3	9	6	8	7	5	4	2
4	6	2	5	9	3	1	7	8
5	8	7	1	4	2	3	9	6

158

4	6	2	3	9	8	7	1	5
8	7	5	2	6	1	9	4	3
1	3	9	4	7	5	6	2	8
6	5	8	7	4	2	1	3	9
3	2	1	5	8	9	4	7	6
7	9	4	1	3	6	8	5	2
2	8	7	6	1	3	5	9	4
9	4	3	8	5	7	2	6	1
5	1	6	9	2	4	3	8	7

159

9	2	1	8	7	4	5	3	6
8	6	4	2	5	3	1	7	9
5	3	7	1	9	6	4	8	2
7	4	9	3	1	5	2	6	8
6	5	3	4	2	8	7	9	1
1	8	2	7	6	9	3	4	5
4	1	6	5	8	7	9	2	3
2	7	8	9	3	1	6	5	4
3	9	5	6	4	2	8	1	7

160

8	6	1	7	5	2	4	3	9
2	7	4	6	9	3	8	1	5
5	3	9	4	8	1	6	7	2
6	1	5	8	2	7	9	4	3
9	8	3	5	4	6	7	2	1
4	2	7	1	3	9	5	6	8
7	9	2	3	6	5	1	8	4
1	5	8	2	7	4	3	9	6
3	4	6	9	1	8	2	5	7

161

4	9	2	5	7	1	6	8	3
1	8	5	6	2	3	4	9	7
7	6	3	8	9	4	1	5	2
8	2	1	3	5	6	9	7	4
6	5	7	4	1	9	2	3	8
9	3	4	7	8	2	5	6	1
2	1	6	9	3	7	8	4	5
3	4	8	2	6	5	7	1	9
5	7	9	1	4	8	3	2	6

162

3	8	7	9	2	5	1	4	6
4	1	9	6	7	8	3	2	5
6	5	2	1	4	3	7	8	9
2	4	3	7	5	1	9	6	8
1	6	5	8	3	9	4	7	2
9	7	8	4	6	2	5	3	1
8	3	6	5	9	4	2	1	7
5	2	1	3	8	7	6	9	4
7	9	4	2	1	6	8	5	3

163

6	7	2	1	9	4	8	5	3
5	3	4	7	8	2	6	1	9
8	1	9	6	3	5	2	4	7
2	8	6	4	7	9	1	3	5
3	4	7	5	1	6	9	2	8
9	5	1	8	2	3	7	6	4
1	6	3	9	5	8	4	7	2
4	9	5	2	6	7	3	8	1
7	2	8	3	4	1	5	9	6

164

2	8	7	9	6	5	1	3	4
6	4	3	1	2	8	7	9	5
1	9	5	3	4	7	8	6	2
4	7	2	6	5	1	9	8	3
3	5	9	8	7	4	6	2	1
8	1	6	2	9	3	4	5	7
5	3	8	4	1	9	2	7	6
9	6	4	7	3	2	5	1	8
7	2	1	5	8	6	3	4	9

165

9	4	3	6	1	7	5	8	2
7	1	8	2	4	5	6	3	9
6	2	5	3	8	9	4	7	1
5	8	6	4	2	3	9	1	7
4	7	2	8	9	1	3	5	6
1	3	9	7	5	6	8	2	4
3	9	4	5	7	2	1	6	8
8	5	7	1	6	4	2	9	3
2	6	1	9	3	8	7	4	5

166

9	8	7	5	6	2	3	1	4
4	3	1	8	7	9	2	6	5
6	2	5	1	3	4	9	8	7
1	9	8	4	2	5	6	7	3
2	7	3	9	1	6	4	5	8
5	6	4	3	8	7	1	9	2
8	5	2	6	9	3	7	4	1
3	4	6	7	5	1	8	2	9
7	1	9	2	4	8	5	3	6

167

8	2	7	5	1	3	9	6	4
6	1	4	9	8	7	3	5	2
5	3	9	6	2	4	1	7	8
2	7	5	1	4	6	8	3	9
4	9	1	8	3	5	6	2	7
3	6	8	2	7	9	5	4	1
7	8	3	4	5	1	2	9	6
9	5	2	7	6	8	4	1	3
1	4	6	3	9	2	7	8	5

168

2	5	6	9	7	8	4	3	1
9	1	7	3	4	6	5	8	2
8	3	4	2	5	1	6	9	7
3	8	5	1	6	4	2	7	9
7	9	2	5	8	3	1	6	4
6	4	1	7	2	9	3	5	8
5	6	8	4	1	7	9	2	3
1	7	9	6	3	2	8	4	5
4	2	3	8	9	5	7	1	6

169

4	9	5	6	3	1	8	2	7
2	1	7	9	4	8	5	6	3
8	3	6	2	7	5	1	4	9
5	8	9	7	1	6	4	3	2
6	2	3	4	5	9	7	8	1
7	4	1	3	8	2	6	9	5
1	5	2	8	6	3	9	7	4
9	6	4	1	2	7	3	5	8
3	7	8	5	9	4	2	1	6

170

2	6	9	3	8	7	5	4	1
4	8	5	9	1	2	6	3	7
7	1	3	5	4	6	8	9	2
5	4	8	6	9	1	7	2	3
3	7	6	8	2	4	1	5	9
1	9	2	7	5	3	4	6	8
6	2	4	1	7	9	3	8	5
9	5	7	4	3	8	2	1	6
8	3	1	2	6	5	9	7	4

171

8	2	5	1	6	3	9	4	7
4	7	3	5	9	8	6	2	1
6	1	9	4	7	2	8	3	5
9	8	7	6	3	4	1	5	2
2	6	4	8	1	5	3	7	9
3	5	1	7	2	9	4	8	6
5	9	2	3	4	6	7	1	8
1	4	8	9	5	7	2	6	3
7	3	6	2	8	1	5	9	4

172

5	4	3	6	2	9	7	1	8
2	8	1	3	7	4	5	6	9
7	6	9	8	5	1	2	3	4
1	3	7	2	9	8	4	5	6
8	2	4	5	1	6	9	7	3
9	5	6	4	3	7	8	2	1
6	7	2	9	4	3	1	8	5
3	9	5	1	8	2	6	4	7
4	1	8	7	6	5	3	9	2

173

8	6	9	3	5	4	7	1	2
1	5	7	8	9	2	4	6	3
2	4	3	6	7	1	5	9	8
5	8	4	9	1	6	3	2	7
3	1	6	4	2	7	9	8	5
9	7	2	5	3	8	6	4	1
7	3	8	2	6	9	1	5	4
6	2	1	7	4	5	8	3	9
4	9	5	1	8	3	2	7	6

174

9	7	1	3	2	4	5	6	8
8	3	6	5	1	9	4	2	7
2	4	5	7	6	8	3	9	1
3	6	9	2	5	1	8	7	4
5	8	4	9	7	6	2	1	3
1	2	7	4	8	3	6	5	9
6	1	2	8	4	7	9	3	5
7	9	8	6	3	5	1	4	2
4	5	3	1	9	2	7	8	6

175

6	7	8	4	1	5	2	3	9
5	3	4	9	8	2	6	7	1
2	1	9	6	7	3	5	8	4
7	4	5	2	6	8	1	9	3
8	9	6	3	5	1	7	4	2
1	2	3	7	4	9	8	5	6
9	6	7	8	2	4	3	1	5
3	8	1	5	9	6	4	2	7
4	5	2	1	3	7	9	6	8

176

3	5	2	7	1	9	6	4	8
7	4	9	6	8	3	2	5	1
1	8	6	4	5	2	7	9	3
4	9	1	3	2	8	5	6	7
2	6	3	5	4	7	1	8	9
8	7	5	1	9	6	3	2	4
5	1	7	8	6	4	9	3	2
6	2	4	9	3	1	8	7	5
9	3	8	2	7	5	4	1	6

177

5	2	3	6	9	7	4	8	1
8	1	6	3	4	2	7	5	9
4	7	9	5	8	1	3	6	2
9	4	5	1	7	6	8	2	3
7	3	8	4	2	5	9	1	6
2	6	1	8	3	9	5	7	4
3	5	2	9	1	8	6	4	7
1	8	4	7	6	3	2	9	5
6	9	7	2	5	4	1	3	8

178

1	9	6	3	7	4	5	8	2
5	3	8	9	2	1	6	4	7
7	4	2	8	5	6	9	1	3
9	5	7	4	6	3	8	2	1
8	2	4	1	9	7	3	5	6
3	6	1	2	8	5	7	9	4
2	1	9	6	3	8	4	7	5
4	7	3	5	1	9	2	6	8
6	8	5	7	4	2	1	3	9

179

7	2	5	6	3	1	8	4	9
6	4	1	9	8	5	3	2	7
3	8	9	7	4	2	5	1	6
2	9	6	8	7	4	1	3	5
1	3	4	2	5	9	6	7	8
5	7	8	3	1	6	2	9	4
4	1	7	5	2	8	9	6	3
8	6	2	4	9	3	7	5	1
9	5	3	1	6	7	4	8	2

180

7	2	9	3	4	5	8	6	1
4	5	8	9	1	6	2	7	3
1	3	6	7	8	2	9	4	5
6	8	3	5	2	1	4	9	7
9	7	5	6	3	4	1	2	8
2	1	4	8	9	7	3	5	6
5	9	1	4	7	8	6	3	2
8	4	7	2	6	3	5	1	9
3	6	2	1	5	9	7	8	4

181

9	2	6	8	1	4	7	3	5
4	3	8	6	7	5	9	2	1
1	5	7	9	2	3	8	6	4
7	8	9	2	5	6	1	4	3
3	6	2	1	4	8	5	7	9
5	1	4	7	3	9	2	8	6
6	7	3	5	8	1	4	9	2
2	4	1	3	9	7	6	5	8
8	9	5	4	6	2	3	1	7

182

4	7	3	2	5	6	9	1	8
5	9	1	8	7	4	6	2	3
8	2	6	1	3	9	4	7	5
2	5	4	9	1	3	7	8	6
7	3	8	6	4	2	5	9	1
1	6	9	5	8	7	3	4	2
6	1	5	7	9	8	2	3	4
9	4	2	3	6	1	8	5	7
3	8	7	4	2	5	1	6	9

183

7	5	6	9	2	3	1	4	8
3	8	4	1	6	7	2	5	9
2	9	1	5	8	4	7	6	3
5	7	3	8	4	1	6	9	2
4	6	9	2	3	5	8	1	7
8	1	2	7	9	6	5	3	4
6	4	8	3	1	2	9	7	5
1	2	7	4	5	9	3	8	6
9	3	5	6	7	8	4	2	1

184

2	8	1	4	9	7	3	6	5
7	5	3	6	1	8	4	9	2
6	4	9	5	3	2	7	1	8
4	1	2	7	8	6	9	5	3
8	3	7	9	2	5	6	4	1
9	6	5	1	4	3	8	2	7
5	2	6	8	7	4	1	3	9
1	7	4	3	5	9	2	8	6
3	9	8	2	6	1	5	7	4

185

5	1	2	3	9	6	7	4	8
8	3	4	2	5	7	1	9	6
6	7	9	4	1	8	3	5	2
7	4	6	9	8	3	5	2	1
2	9	3	5	4	1	6	8	7
1	5	8	6	7	2	9	3	4
4	6	7	8	3	9	2	1	5
3	2	5	1	6	4	8	7	9
9	8	1	7	2	5	4	6	3

186

5	1	2	8	9	6	3	7	4
3	7	8	2	4	1	9	6	5
4	6	9	3	7	5	2	8	1
2	3	5	6	8	9	1	4	7
8	4	1	7	5	2	6	9	3
7	9	6	4	1	3	5	2	8
9	8	3	5	2	4	7	1	6
1	5	4	9	6	7	8	3	2
6	2	7	1	3	8	4	5	9

187

2	9	6	5	4	7	1	3	8
1	8	5	2	6	3	4	7	9
4	3	7	1	8	9	6	5	2
5	6	3	8	7	4	2	9	1
8	7	2	9	5	1	3	4	6
9	1	4	6	3	2	7	8	5
6	4	1	3	9	5	8	2	7
3	5	8	7	2	6	9	1	4
7	2	9	4	1	8	5	6	3

188

8	9	7	6	4	5	2	3	1
6	1	5	2	3	9	7	4	8
2	3	4	1	7	8	9	6	5
4	2	6	9	1	3	5	8	7
1	7	8	4	5	2	6	9	3
9	5	3	8	6	7	1	2	4
7	6	2	5	8	4	3	1	9
5	4	9	3	2	1	8	7	6
3	8	1	7	9	6	4	5	2

189

7	3	6	2	1	8	9	4	5
5	4	2	7	9	6	8	1	3
8	9	1	4	3	5	2	7	6
3	1	8	5	4	9	6	2	7
4	7	5	8	6	2	1	3	9
2	6	9	3	7	1	5	8	4
6	5	7	1	2	3	4	9	8
9	2	3	6	8	4	7	5	1
1	8	4	9	5	7	3	6	2

190

4	5	7	1	3	2	6	8	9
6	9	1	5	4	8	2	3	7
2	8	3	7	9	6	5	4	1
9	3	6	4	5	1	7	2	8
1	4	8	2	6	7	3	9	5
7	2	5	3	8	9	4	1	6
8	1	2	6	7	3	9	5	4
5	6	9	8	2	4	1	7	3
3	7	4	9	1	5	8	6	2

191

8	4	3	5	6	7	2	9	1
2	6	5	4	9	1	7	8	3
7	9	1	3	2	8	5	6	4
5	3	7	8	1	6	9	4	2
1	8	4	2	5	9	3	7	6
6	2	9	7	4	3	8	1	5
3	7	2	6	8	4	1	5	9
9	5	6	1	7	2	4	3	8
4	1	8	9	3	5	6	2	7

192

5	8	6	7	2	1	9	3	4
2	3	9	8	5	4	1	6	7
7	1	4	9	3	6	8	5	2
9	7	5	1	4	3	6	2	8
3	4	8	6	9	2	7	1	5
1	6	2	5	7	8	4	9	3
4	5	1	2	6	7	3	8	9
6	2	3	4	8	9	5	7	1
8	9	7	3	1	5	2	4	6

193

8	2	4	6	1	7	9	3	5
5	1	6	3	9	2	7	4	8
9	7	3	4	8	5	6	1	2
7	6	8	2	3	1	4	5	9
1	9	2	5	6	4	3	8	7
4	3	5	9	7	8	2	6	1
2	4	9	8	5	3	1	7	6
6	8	1	7	4	9	5	2	3
3	5	7	1	2	6	8	9	4

194

8	6	3	5	2	4	9	7	1
7	9	2	1	3	6	8	5	4
4	5	1	9	8	7	6	3	2
1	7	8	6	4	3	5	2	9
6	4	5	2	9	8	7	1	3
3	2	9	7	5	1	4	6	8
2	1	4	8	7	5	3	9	6
5	8	6	3	1	9	2	4	7
9	3	7	4	6	2	1	8	5

195

5	6	8	4	3	2	7	9	1
4	7	3	6	1	9	8	5	2
2	1	9	5	7	8	4	6	3
1	8	2	9	6	4	5	3	7
3	4	5	1	8	7	9	2	6
7	9	6	2	5	3	1	8	4
9	2	1	8	4	6	3	7	5
8	5	7	3	2	1	6	4	9
6	3	4	7	9	5	2	1	8

196

3	2	1	4	5	9	8	7	6
7	8	9	3	1	6	2	4	5
4	5	6	8	2	7	1	3	9
6	9	4	2	3	1	5	8	7
8	3	7	9	4	5	6	1	2
2	1	5	6	7	8	3	9	4
1	4	8	5	9	2	7	6	3
5	6	3	7	8	4	9	2	1
9	7	2	1	6	3	4	5	8

197

6	9	8	1	7	3	5	4	2
5	1	2	4	6	8	9	7	3
7	3	4	2	5	9	8	6	1
4	2	7	3	9	6	1	8	5
9	8	6	5	1	2	4	3	7
1	5	3	7	8	4	2	9	6
3	6	9	8	2	1	7	5	4
8	7	1	6	4	5	3	2	9
2	4	5	9	3	7	6	1	8

198

5	3	8	2	6	7	4	1	9
7	6	1	4	3	9	8	2	5
9	4	2	5	8	1	3	6	7
3	2	7	8	9	6	5	4	1
6	1	4	7	5	2	9	3	8
8	9	5	1	4	3	6	7	2
1	8	6	3	7	5	2	9	4
4	7	9	6	2	8	1	5	3
2	5	3	9	1	4	7	8	6

199

4	5	2	3	6	8	9	1	7
6	9	3	7	1	4	2	5	8
8	7	1	9	5	2	6	4	3
1	4	8	6	9	3	5	7	2
9	2	7	5	8	1	3	6	4
5	3	6	4	2	7	8	9	1
2	6	4	1	3	9	7	8	5
7	8	9	2	4	5	1	3	6
3	1	5	8	7	6	4	2	9

200

8	2	3	4	6	7	1	9	5
6	9	5	3	8	1	2	7	4
7	1	4	9	2	5	6	3	8
9	3	6	1	4	8	7	5	2
4	5	1	6	7	2	3	8	9
2	7	8	5	3	9	4	6	1
1	8	7	2	5	3	9	4	6
3	4	9	8	1	6	5	2	7
5	6	2	7	9	4	8	1	3

201

5	6	1	3	2	8	4	9	7
9	3	2	5	4	7	1	6	8
8	7	4	1	9	6	3	2	5
3	9	7	8	1	2	5	4	6
2	8	6	4	5	9	7	3	1
4	1	5	6	7	3	9	8	2
1	2	9	7	6	4	8	5	3
7	4	8	2	3	5	6	1	9
6	5	3	9	8	1	2	7	4

202

8	6	3	2	4	1	7	9	5
9	5	4	7	6	8	1	3	2
2	7	1	5	9	3	4	6	8
3	4	6	8	7	2	5	1	9
1	8	9	3	5	6	2	4	7
5	2	7	4	1	9	6	8	3
7	1	2	9	3	4	8	5	6
4	3	8	6	2	5	9	7	1
6	9	5	1	8	7	3	2	4

203

3	1	6	5	4	8	2	7	9
8	5	9	1	2	7	3	6	4
2	4	7	9	3	6	1	8	5
6	2	5	7	8	3	9	4	1
9	8	3	2	1	4	7	5	6
1	7	4	6	5	9	8	2	3
7	6	2	3	9	5	4	1	8
5	9	8	4	7	1	6	3	2
4	3	1	8	6	2	5	9	7

204

4	2	8	1	9	6	7	5	3
7	1	6	3	8	5	4	2	9
5	3	9	4	2	7	6	1	8
9	6	3	8	5	1	2	7	4
1	4	2	9	7	3	8	6	5
8	7	5	2	6	4	3	9	1
2	5	4	7	1	8	9	3	6
3	9	1	6	4	2	5	8	7
6	8	7	5	3	9	1	4	2

205

1	4	2	5	8	9	7	6	3
9	7	5	1	3	6	8	2	4
6	8	3	7	2	4	1	9	5
4	6	7	9	5	1	3	8	2
8	5	9	2	6	3	4	7	1
2	3	1	4	7	8	6	5	9
7	2	6	3	1	5	9	4	8
5	1	4	8	9	7	2	3	6
3	9	8	6	4	2	5	1	7

206

1	9	6	2	4	8	3	7	5
4	2	3	9	5	7	8	6	1
7	8	5	3	6	1	9	2	4
2	4	8	1	9	6	5	3	7
3	7	1	5	2	4	6	9	8
6	5	9	7	8	3	4	1	2
9	3	4	8	7	2	1	5	6
5	6	7	4	1	9	2	8	3
8	1	2	6	3	5	7	4	9

207

1	3	6	2	9	7	4	5	8
2	4	5	6	8	3	9	7	1
9	8	7	1	4	5	6	3	2
5	1	8	7	2	4	3	6	9
4	9	2	8	3	6	5	1	7
6	7	3	5	1	9	2	8	4
7	5	4	9	6	8	1	2	3
3	6	1	4	7	2	8	9	5
8	2	9	3	5	1	7	4	6

208

8	7	3	1	6	9	4	2	5
2	5	1	7	4	3	6	9	8
6	4	9	2	8	5	7	1	3
9	6	4	8	5	2	3	7	1
1	3	2	4	9	7	5	8	6
5	8	7	3	1	6	2	4	9
7	1	8	6	3	4	9	5	2
3	2	5	9	7	8	1	6	4
4	9	6	5	2	1	8	3	7

209

7	4	9	8	1	2	6	3	5
8	3	6	9	5	7	2	4	1
1	2	5	6	3	4	7	8	9
2	9	7	1	8	5	4	6	3
5	6	8	4	7	3	9	1	2
3	1	4	2	9	6	5	7	8
4	8	2	3	6	9	1	5	7
6	7	3	5	2	1	8	9	4
9	5	1	7	4	8	3	2	6

210

1	5	3	2	4	9	7	8	6
8	6	2	5	3	7	1	4	9
7	4	9	8	6	1	5	3	2
6	1	7	3	5	4	2	9	8
9	3	4	1	8	2	6	5	7
2	8	5	9	7	6	3	1	4
5	9	1	7	2	8	4	6	3
3	2	6	4	9	5	8	7	1
4	7	8	6	1	3	9	2	5

211

1	7	9	6	5	8	3	4	2
8	3	6	7	4	2	5	1	9
4	5	2	3	9	1	8	6	7
9	1	8	5	7	3	4	2	6
5	2	4	1	8	6	7	9	3
7	6	3	4	2	9	1	8	5
2	9	5	8	1	7	6	3	4
3	4	1	9	6	5	2	7	8
6	8	7	2	3	4	9	5	1

212

2	9	1	8	5	7	3	4	6
8	7	4	3	1	6	9	2	5
5	3	6	9	4	2	8	7	1
1	2	3	6	7	9	5	8	4
4	6	8	2	3	5	1	9	7
7	5	9	4	8	1	6	3	2
9	4	5	7	6	8	2	1	3
6	8	7	1	2	3	4	5	9
3	1	2	5	9	4	7	6	8

213

4	7	2	3	5	9	6	1	8
1	3	5	7	6	8	2	9	4
8	6	9	4	2	1	3	5	7
6	1	7	9	8	5	4	2	3
9	5	3	6	4	2	8	7	1
2	4	8	1	7	3	9	6	5
5	8	6	2	1	4	7	3	9
7	9	1	8	3	6	5	4	2
3	2	4	5	9	7	1	8	6

214

8	3	6	4	7	1	2	5	9
7	4	5	9	2	8	3	6	1
1	2	9	5	3	6	4	8	7
6	8	7	2	1	9	5	3	4
2	1	3	7	5	4	6	9	8
9	5	4	8	6	3	1	7	2
5	9	1	6	4	7	8	2	3
4	6	8	3	9	2	7	1	5
3	7	2	1	8	5	9	4	6

215

2	5	1	7	8	9	6	4	3
6	8	9	3	4	1	7	2	5
3	7	4	5	6	2	9	8	1
5	9	2	8	3	7	4	1	6
4	1	8	6	2	5	3	9	7
7	3	6	1	9	4	2	5	8
1	4	5	2	7	6	8	3	9
9	6	3	4	5	8	1	7	2
8	2	7	9	1	3	5	6	4

216

1	2	9	8	3	5	4	6	7
5	7	4	9	6	2	3	1	8
6	3	8	4	7	1	2	9	5
9	5	1	2	4	8	6	7	3
2	6	7	1	5	3	8	4	9
4	8	3	7	9	6	5	2	1
8	9	2	3	1	4	7	5	6
7	4	6	5	8	9	1	3	2
3	1	5	6	2	7	9	8	4

217

4	9	5	2	6	3	8	7	1
3	1	6	8	5	7	4	9	2
2	8	7	9	4	1	3	6	5
6	4	3	5	7	9	2	1	8
8	5	1	3	2	6	9	4	7
9	7	2	1	8	4	5	3	6
1	6	8	4	9	2	7	5	3
7	2	4	6	3	5	1	8	9
5	3	9	7	1	8	6	2	4

218

4	5	7	8	1	6	2	9	3
3	2	6	7	9	4	8	1	5
9	8	1	3	5	2	7	4	6
8	4	3	9	7	5	1	6	2
7	1	9	6	2	3	5	8	4
2	6	5	4	8	1	3	7	9
1	3	4	5	6	8	9	2	7
6	7	2	1	3	9	4	5	8
5	9	8	2	4	7	6	3	1

219

7	9	1	5	8	4	3	2	6
3	5	6	2	1	9	7	4	8
4	8	2	3	7	6	9	5	1
1	3	9	6	4	5	8	7	2
5	4	8	7	2	3	6	1	9
2	6	7	1	9	8	5	3	4
6	7	4	9	5	1	2	8	3
9	1	5	8	3	2	4	6	7
8	2	3	4	6	7	1	9	5

220

8	2	3	1	6	9	4	5	7
6	5	4	2	8	7	3	1	9
7	9	1	5	3	4	2	8	6
1	7	5	3	4	8	6	9	2
3	8	2	6	9	5	7	4	1
4	6	9	7	1	2	8	3	5
5	3	6	4	7	1	9	2	8
2	4	8	9	5	6	1	7	3
9	1	7	8	2	3	5	6	4

221

6	2	3	4	5	9	1	8	7
9	7	4	8	6	1	5	2	3
8	1	5	2	3	7	9	6	4
4	5	7	6	1	8	3	9	2
1	8	9	3	2	4	6	7	5
3	6	2	7	9	5	8	4	1
7	4	1	9	8	3	2	5	6
5	9	6	1	7	2	4	3	8
2	3	8	5	4	6	7	1	9

222

9	5	2	7	3	8	1	4	6
4	1	7	9	6	5	3	8	2
8	3	6	4	2	1	9	5	7
7	9	5	1	4	3	2	6	8
2	8	1	5	9	6	4	7	3
6	4	3	8	7	2	5	1	9
3	7	9	6	1	4	8	2	5
5	2	4	3	8	7	6	9	1
1	6	8	2	5	9	7	3	4

223

2	5	6	4	1	3	9	7	8
9	7	3	6	5	8	1	2	4
8	1	4	2	7	9	6	3	5
4	3	7	5	8	1	2	6	9
1	6	8	7	9	2	5	4	3
5	9	2	3	6	4	7	8	1
6	2	9	8	3	5	4	1	7
3	4	1	9	2	7	8	5	6
7	8	5	1	4	6	3	9	2

224

1	5	6	8	2	7	9	4	3
7	2	9	6	3	4	5	8	1
8	4	3	9	1	5	6	2	7
2	9	8	3	4	6	1	7	5
5	6	1	7	8	9	2	3	4
3	7	4	2	5	1	8	9	6
4	8	2	1	6	3	7	5	9
6	3	7	5	9	8	4	1	2
9	1	5	4	7	2	3	6	8

225

7	2	5	1	3	8	9	6	4
3	9	6	5	7	4	8	1	2
1	4	8	2	9	6	3	5	7
8	5	2	9	4	1	6	7	3
9	7	4	6	8	3	5	2	1
6	1	3	7	2	5	4	9	8
5	8	1	3	6	7	2	4	9
2	3	7	4	5	9	1	8	6
4	6	9	8	1	2	7	3	5

226

6	1	4	9	3	5	2	8	7
2	9	5	7	4	8	1	6	3
3	7	8	2	6	1	5	9	4
4	5	9	6	8	2	3	7	1
8	2	1	3	9	7	4	5	6
7	6	3	1	5	4	8	2	9
9	4	2	8	7	3	6	1	5
5	8	7	4	1	6	9	3	2
1	3	6	5	2	9	7	4	8

227

8	5	3	6	7	2	1	4	9
4	1	7	9	8	3	5	2	6
2	6	9	4	1	5	3	7	8
1	7	5	8	6	4	2	9	3
3	9	4	1	2	7	8	6	5
6	2	8	3	5	9	4	1	7
5	3	2	7	9	1	6	8	4
9	8	1	5	4	6	7	3	2
7	4	6	2	3	8	9	5	1

228

3	9	7	2	4	5	1	8	6
5	6	1	9	8	7	2	3	4
8	2	4	3	1	6	7	5	9
4	5	2	1	3	9	8	6	7
7	3	8	6	5	4	9	1	2
9	1	6	7	2	8	3	4	5
1	7	3	5	6	2	4	9	8
2	8	5	4	9	1	6	7	3
6	4	9	8	7	3	5	2	1

229

9	6	3	1	2	4	5	8	7
5	4	8	9	7	3	6	2	1
1	2	7	5	8	6	4	9	3
8	1	6	2	3	5	9	7	4
4	5	9	7	1	8	3	6	2
7	3	2	4	6	9	1	5	8
3	9	1	8	5	2	7	4	6
2	7	5	6	4	1	8	3	9
6	8	4	3	9	7	2	1	5

230

2	6	7	5	1	8	4	3	9
9	3	5	4	6	2	7	1	8
1	4	8	3	7	9	5	6	2
7	9	2	6	5	3	8	4	1
6	5	3	8	4	1	2	9	7
8	1	4	2	9	7	6	5	3
4	2	1	9	8	6	3	7	5
5	8	9	7	3	4	1	2	6
3	7	6	1	2	5	9	8	4

231

4	3	1	7	8	2	6	9	5
6	9	5	3	4	1	7	8	2
2	8	7	9	5	6	1	4	3
1	6	2	5	7	4	9	3	8
9	7	4	8	6	3	2	5	1
3	5	8	1	2	9	4	6	7
5	1	6	2	9	8	3	7	4
7	2	9	4	3	5	8	1	6
8	4	3	6	1	7	5	2	9

232

8	4	7	9	3	6	2	5	1
3	9	6	1	5	2	7	8	4
1	5	2	7	4	8	9	6	3
4	6	8	3	9	5	1	2	7
2	3	9	8	1	7	5	4	6
5	7	1	2	6	4	3	9	8
9	1	5	6	8	3	4	7	2
6	2	3	4	7	9	8	1	5
7	8	4	5	2	1	6	3	9

233

2	8	9	3	4	7	5	6	1
6	3	5	2	9	1	7	4	8
1	4	7	5	6	8	2	3	9
8	5	3	4	7	6	9	1	2
4	1	2	9	8	5	3	7	6
7	9	6	1	2	3	4	8	5
5	7	1	8	3	9	6	2	4
3	2	8	6	5	4	1	9	7
9	6	4	7	1	2	8	5	3

234

1	4	8	7	9	5	2	6	3
3	9	6	1	2	8	7	4	5
5	2	7	6	3	4	8	9	1
8	5	1	9	4	6	3	2	7
9	6	2	3	5	7	1	8	4
4	7	3	2	8	1	6	5	9
7	8	5	4	6	3	9	1	2
6	1	9	5	7	2	4	3	8
2	3	4	8	1	9	5	7	6

235

2	8	4	5	9	1	6	3	7
7	9	5	3	6	2	4	8	1
3	1	6	4	8	7	2	9	5
9	4	8	1	7	5	3	2	6
5	2	1	6	3	4	8	7	9
6	7	3	8	2	9	1	5	4
8	3	9	7	4	6	5	1	2
1	6	2	9	5	3	7	4	8
4	5	7	2	1	8	9	6	3

236

2	8	7	3	5	1	4	9	6
1	3	6	2	9	4	5	8	7
5	4	9	6	8	7	3	1	2
4	6	1	8	2	9	7	5	3
7	2	8	4	3	5	1	6	9
3	9	5	1	7	6	2	4	8
9	1	4	7	6	2	8	3	5
8	5	2	9	4	3	6	7	1
6	7	3	5	1	8	9	2	4

237

8	2	3	6	1	5	7	9	4
6	7	1	9	4	8	3	2	5
4	5	9	3	2	7	6	8	1
2	9	8	7	3	1	5	4	6
1	3	5	4	8	6	2	7	9
7	6	4	2	5	9	1	3	8
9	8	7	1	6	2	4	5	3
3	1	2	5	9	4	8	6	7
5	4	6	8	7	3	9	1	2

238

7	1	2	3	9	8	6	4	5
4	3	6	5	1	2	8	9	7
5	8	9	7	6	4	1	2	3
8	2	7	9	4	3	5	6	1
6	4	1	2	8	5	3	7	9
3	9	5	1	7	6	4	8	2
2	5	4	6	3	7	9	1	8
1	6	3	8	2	9	7	5	4
9	7	8	4	5	1	2	3	6

239

3	6	8	1	7	9	5	4	2
9	5	2	8	4	3	1	7	6
7	4	1	5	6	2	8	3	9
4	8	9	2	3	5	6	1	7
1	3	6	7	9	8	2	5	4
5	2	7	4	1	6	3	9	8
2	7	4	3	8	1	9	6	5
8	9	3	6	5	7	4	2	1
6	1	5	9	2	4	7	8	3

240

2	9	1	8	3	5	6	7	4
6	8	3	7	4	2	1	5	9
4	7	5	6	1	9	8	2	3
5	3	7	1	8	4	9	6	2
8	1	2	9	7	6	3	4	5
9	6	4	5	2	3	7	1	8
3	2	9	4	6	1	5	8	7
1	4	8	3	5	7	2	9	6
7	5	6	2	9	8	4	3	1

241

5	3	2	9	7	8	1	6	4
9	8	4	6	3	1	2	7	5
1	6	7	2	5	4	3	8	9
4	1	6	5	2	7	9	3	8
7	5	9	1	8	3	6	4	2
8	2	3	4	6	9	7	5	1
2	7	8	3	1	5	4	9	6
6	4	5	7	9	2	8	1	3
3	9	1	8	4	6	5	2	7

242

5	7	1	4	9	3	2	6	8
3	8	2	5	6	7	1	4	9
6	4	9	2	1	8	7	3	5
9	2	8	7	4	6	5	1	3
7	3	6	1	8	5	9	2	4
1	5	4	3	2	9	6	8	7
4	1	5	9	3	2	8	7	6
2	6	7	8	5	4	3	9	1
8	9	3	6	7	1	4	5	2

243

7	5	9	1	4	8	3	2	6
8	2	6	3	9	7	4	1	5
1	4	3	5	2	6	7	8	9
5	6	8	2	7	4	1	9	3
3	9	7	8	5	1	6	4	2
4	1	2	9	6	3	5	7	8
2	7	5	4	3	9	8	6	1
6	3	1	7	8	2	9	5	4
9	8	4	6	1	5	2	3	7

244

1	9	6	2	3	8	5	7	4
7	8	4	6	9	5	2	1	3
2	5	3	7	1	4	8	6	9
8	7	2	9	4	3	6	5	1
4	1	5	8	7	6	9	3	2
6	3	9	5	2	1	4	8	7
5	4	7	3	8	2	1	9	6
9	2	8	1	6	7	3	4	5
3	6	1	4	5	9	7	2	8

245

4	6	9	2	5	1	3	8	7
2	1	7	3	8	6	4	9	5
3	8	5	4	7	9	1	2	6
8	7	6	1	4	2	9	5	3
5	3	4	9	6	7	8	1	2
9	2	1	8	3	5	6	7	4
6	9	8	7	2	3	5	4	1
1	5	2	6	9	4	7	3	8
7	4	3	5	1	8	2	6	9

246

5	1	6	4	7	2	8	9	3
7	4	9	3	8	5	1	6	2
2	3	8	9	6	1	5	4	7
8	5	7	2	9	4	6	3	1
6	2	4	1	3	8	9	7	5
3	9	1	7	5	6	2	8	4
4	6	3	5	2	9	7	1	8
1	8	5	6	4	7	3	2	9
9	7	2	8	1	3	4	5	6

247

3	4	1	7	2	6	8	5	9
8	2	5	9	1	3	6	7	4
7	6	9	5	4	8	2	1	3
2	5	3	4	7	9	1	6	8
9	1	4	6	8	5	7	3	2
6	8	7	1	3	2	9	4	5
5	3	2	8	6	7	4	9	1
1	9	6	2	5	4	3	8	7
4	7	8	3	9	1	5	2	6

248

2	5	1	8	3	6	7	9	4
9	3	7	5	4	2	6	1	8
6	4	8	7	1	9	5	3	2
5	1	3	4	9	7	2	8	6
8	7	2	3	6	5	1	4	9
4	6	9	1	2	8	3	7	5
1	9	5	2	7	4	8	6	3
7	8	4	6	5	3	9	2	1
3	2	6	9	8	1	4	5	7

249

6	9	7	8	4	3	2	5	1
8	4	2	5	1	6	7	9	3
5	3	1	9	7	2	4	6	8
1	8	6	2	9	7	5	3	4
7	5	3	4	6	8	1	2	9
4	2	9	1	3	5	8	7	6
3	6	8	7	5	1	9	4	2
9	1	5	3	2	4	6	8	7
2	7	4	6	8	9	3	1	5

250

9	1	4	5	6	8	7	3	2
2	6	8	3	1	7	5	9	4
7	5	3	4	9	2	6	1	8
6	4	7	2	3	9	1	8	5
3	8	9	1	5	6	4	2	7
1	2	5	7	8	4	9	6	3
8	7	1	9	2	5	3	4	6
4	9	2	6	7	3	8	5	1
5	3	6	8	4	1	2	7	9

251

5	3	7	2	9	6	4	8	1
9	6	4	7	8	1	2	5	3
1	8	2	4	3	5	9	7	6
2	7	5	6	1	8	3	4	9
6	4	9	3	7	2	8	1	5
3	1	8	9	5	4	6	2	7
4	2	3	5	6	7	1	9	8
7	9	1	8	2	3	5	6	4
8	5	6	1	4	9	7	3	2

252

8	9	7	3	2	6	4	5	1
3	5	4	7	9	1	6	2	8
6	2	1	5	4	8	9	7	3
5	6	8	4	7	2	1	3	9
2	1	9	6	5	3	8	4	7
4	7	3	1	8	9	2	6	5
7	3	2	9	1	4	5	8	6
1	8	6	2	3	5	7	9	4
9	4	5	8	6	7	3	1	2

253

5	1	4	3	2	6	8	9	7
8	2	6	5	7	9	4	3	1
3	9	7	8	1	4	2	6	5
9	4	1	6	5	7	3	8	2
6	7	8	1	3	2	9	5	4
2	3	5	4	9	8	7	1	6
1	5	2	9	4	3	6	7	8
7	6	3	2	8	5	1	4	9
4	8	9	7	6	1	5	2	3

254

5	2	7	8	6	3	9	1	4
8	4	1	2	9	5	3	6	7
3	6	9	4	7	1	5	2	8
6	8	5	1	3	9	4	7	2
7	9	4	6	2	8	1	3	5
2	1	3	5	4	7	6	8	9
4	3	2	7	5	6	8	9	1
1	7	6	9	8	4	2	5	3
9	5	8	3	1	2	7	4	6

255

2	7	1	3	6	9	5	4	8
4	3	5	2	7	8	9	6	1
9	8	6	4	1	5	3	2	7
6	5	2	9	4	7	8	1	3
8	1	4	5	3	2	7	9	6
7	9	3	1	8	6	2	5	4
3	6	9	8	2	4	1	7	5
5	4	8	7	9	1	6	3	2
1	2	7	6	5	3	4	8	9

256

6	1	3	7	4	2	5	9	8
4	5	8	1	9	6	7	2	3
9	7	2	3	5	8	1	4	6
8	3	9	6	1	4	2	5	7
2	6	7	5	3	9	4	8	1
1	4	5	2	8	7	6	3	9
3	9	1	4	7	5	8	6	2
5	8	6	9	2	1	3	7	4
7	2	4	8	6	3	9	1	5

257

7	8	2	1	9	4	5	3	6
9	3	1	5	6	7	4	8	2
4	5	6	2	8	3	1	9	7
5	1	9	3	2	8	6	7	4
6	4	8	9	7	1	3	2	5
2	7	3	4	5	6	9	1	8
1	6	4	7	3	2	8	5	9
8	2	5	6	1	9	7	4	3
3	9	7	8	4	5	2	6	1

258

4	7	5	2	3	1	6	8	9
9	3	8	4	6	5	7	2	1
2	6	1	9	8	7	3	4	5
3	1	7	5	2	6	8	9	4
5	8	9	3	1	4	2	6	7
6	2	4	7	9	8	1	5	3
7	4	6	1	5	2	9	3	8
8	5	3	6	7	9	4	1	2
1	9	2	8	4	3	5	7	6

259

9	7	2	6	5	1	8	3	4
6	4	5	3	7	8	2	1	9
3	8	1	4	9	2	6	7	5
1	5	6	2	4	3	7	9	8
8	3	9	7	1	5	4	2	6
7	2	4	9	8	6	1	5	3
4	9	8	5	2	7	3	6	1
2	1	3	8	6	9	5	4	7
5	6	7	1	3	4	9	8	2

260

1	3	9	8	7	2	4	6	5
7	2	5	6	3	4	1	8	9
8	4	6	5	1	9	3	2	7
5	7	3	1	8	6	9	4	2
9	6	1	4	2	7	5	3	8
2	8	4	3	9	5	6	7	1
4	9	8	7	6	1	2	5	3
3	5	2	9	4	8	7	1	6
6	1	7	2	5	3	8	9	4

261

6	7	4	3	9	2	1	8	5
9	2	1	8	7	5	4	6	3
8	5	3	4	1	6	7	2	9
3	9	7	6	8	1	5	4	2
1	6	2	5	4	9	3	7	8
5	4	8	7	2	3	9	1	6
7	8	5	2	3	4	6	9	1
4	3	9	1	6	8	2	5	7
2	1	6	9	5	7	8	3	4

262

4	8	6	3	9	5	7	1	2
3	1	7	2	6	4	9	5	8
5	2	9	7	1	8	4	3	6
9	5	1	8	7	6	2	4	3
7	6	4	9	2	3	5	8	1
8	3	2	4	5	1	6	9	7
6	7	3	5	8	9	1	2	4
2	4	5	1	3	7	8	6	9
1	9	8	6	4	2	3	7	5

263

8	1	5	4	3	7	6	2	9
6	4	9	1	2	5	7	8	3
2	7	3	9	6	8	4	1	5
9	5	7	2	4	3	1	6	8
3	2	1	6	8	9	5	7	4
4	8	6	7	5	1	3	9	2
7	9	8	3	1	4	2	5	6
5	3	2	8	7	6	9	4	1
1	6	4	5	9	2	8	3	7

264

2	8	4	3	7	5	1	9	6
7	9	5	2	6	1	8	3	4
6	3	1	9	8	4	5	2	7
5	6	8	7	1	9	3	4	2
1	7	3	6	4	2	9	8	5
4	2	9	5	3	8	7	6	1
8	1	7	4	2	3	6	5	9
9	4	6	8	5	7	2	1	3
3	5	2	1	9	6	4	7	8

265

5	1	9	2	4	8	3	7	6
3	7	2	1	5	6	8	4	9
4	8	6	3	7	9	5	1	2
6	5	7	4	9	3	1	2	8
2	4	8	6	1	5	7	9	3
9	3	1	8	2	7	6	5	4
8	2	4	7	6	1	9	3	5
7	9	3	5	8	2	4	6	1
1	6	5	9	3	4	2	8	7

266

9	5	8	2	4	7	6	1	3
2	1	3	8	6	9	5	4	7
7	4	6	1	5	3	2	8	9
8	7	5	4	3	2	9	6	1
6	2	9	5	7	1	4	3	8
4	3	1	6	9	8	7	2	5
1	8	4	9	2	5	3	7	6
3	9	2	7	8	6	1	5	4
5	6	7	3	1	4	8	9	2

267

1	9	2	4	7	3	8	6	5
4	5	6	8	2	9	1	3	7
7	8	3	6	5	1	4	2	9
9	4	7	1	3	8	2	5	6
3	2	8	7	6	5	9	1	4
6	1	5	2	9	4	3	7	8
2	6	9	3	8	7	5	4	1
8	7	4	5	1	2	6	9	3
5	3	1	9	4	6	7	8	2

268

1	3	9	6	4	2	8	7	5
4	6	5	8	1	7	9	2	3
7	8	2	9	3	5	1	6	4
6	4	1	2	9	8	5	3	7
3	2	7	4	5	1	6	8	9
5	9	8	3	7	6	4	1	2
8	5	6	7	2	9	3	4	1
9	7	4	1	6	3	2	5	8
2	1	3	5	8	4	7	9	6

269

2	5	6	3	4	7	8	9	1
4	1	3	6	8	9	7	2	5
9	8	7	5	2	1	6	4	3
5	3	2	1	7	8	4	6	9
6	9	8	4	5	2	3	1	7
7	4	1	9	3	6	5	8	2
1	7	4	2	6	3	9	5	8
3	2	5	8	9	4	1	7	6
8	6	9	7	1	5	2	3	4

270

9	7	3	4	8	6	2	5	1
5	4	8	7	2	1	9	3	6
2	6	1	5	9	3	4	8	7
4	1	9	6	5	8	7	2	3
8	2	6	3	4	7	1	9	5
7	3	5	2	1	9	8	6	4
6	9	4	8	7	5	3	1	2
3	8	2	1	6	4	5	7	9
1	5	7	9	3	2	6	4	8

271

1	2	8	5	9	7	3	6	4
5	3	9	6	4	1	2	8	7
4	6	7	2	8	3	9	1	5
6	1	4	7	5	9	8	3	2
8	5	2	4	3	6	7	9	1
9	7	3	8	1	2	4	5	6
2	8	1	9	7	5	6	4	3
3	4	6	1	2	8	5	7	9
7	9	5	3	6	4	1	2	8

272

2	3	7	9	5	1	4	8	6
6	9	4	8	7	2	1	3	5
1	8	5	4	3	6	7	9	2
3	5	8	1	2	4	6	7	9
7	2	1	6	9	5	8	4	3
4	6	9	3	8	7	2	5	1
9	7	6	5	1	8	3	2	4
8	1	3	2	4	9	5	6	7
5	4	2	7	6	3	9	1	8

(273)

7	5	3	8	9	1	2	4	6
4	9	1	2	6	5	8	3	7
2	6	8	7	3	4	9	5	1
1	8	2	4	5	7	3	6	9
5	3	4	9	8	6	7	1	2
9	7	6	1	2	3	5	8	4
6	2	9	3	1	8	4	7	5
8	4	5	6	7	9	1	2	3
3	1	7	5	4	2	6	9	8

(274)

8	6	4	3	2	9	7	1	5
5	2	3	7	1	4	8	6	9
1	9	7	8	6	5	3	2	4
7	4	9	1	8	2	5	3	6
3	8	5	4	9	6	2	7	1
2	1	6	5	7	3	4	9	8
4	3	1	6	5	7	9	8	2
9	7	8	2	4	1	6	5	3
6	5	2	9	3	8	1	4	7

(275)

8	5	2	4	7	6	1	9	3
1	7	3	9	5	8	4	2	6
4	6	9	2	1	3	7	8	5
5	1	8	3	2	4	9	6	7
6	9	4	7	8	1	3	5	2
2	3	7	5	6	9	8	1	4
3	8	1	6	4	5	2	7	9
9	2	6	8	3	7	5	4	1
7	4	5	1	9	2	6	3	8

(276)

7	1	6	8	5	4	2	9	3
9	5	3	2	1	7	4	6	8
4	8	2	6	9	3	5	1	7
3	9	7	1	4	6	8	5	2
1	6	4	5	2	8	3	7	9
8	2	5	7	3	9	6	4	1
5	4	9	3	8	1	7	2	6
2	7	8	9	6	5	1	3	4
6	3	1	4	7	2	9	8	5

277

4	5	1	2	3	6	8	7	9
9	6	7	8	4	1	3	5	2
2	8	3	5	9	7	6	4	1
1	7	6	9	8	4	5	2	3
8	3	9	7	2	5	1	6	4
5	4	2	6	1	3	9	8	7
6	9	5	1	7	2	4	3	8
3	2	8	4	6	9	7	1	5
7	1	4	3	5	8	2	9	6

278

9	8	6	1	4	3	7	2	5
2	5	3	7	9	8	6	1	4
4	1	7	5	2	6	8	9	3
8	7	2	9	6	4	5	3	1
6	9	1	3	5	2	4	8	7
5	3	4	8	1	7	9	6	2
3	6	5	2	7	9	1	4	8
7	2	9	4	8	1	3	5	6
1	4	8	6	3	5	2	7	9

279

5	6	7	4	2	3	9	8	1
8	3	4	6	9	1	2	7	5
9	2	1	5	7	8	3	6	4
1	5	8	9	4	2	6	3	7
3	9	2	1	6	7	4	5	8
7	4	6	8	3	5	1	2	9
4	8	9	2	5	6	7	1	3
2	1	3	7	8	4	5	9	6
6	7	5	3	1	9	8	4	2

280

5	6	8	3	9	1	4	2	7
3	4	1	5	2	7	6	8	9
7	2	9	8	6	4	5	1	3
9	7	6	4	1	3	2	5	8
1	8	2	6	7	5	3	9	4
4	3	5	2	8	9	7	6	1
6	1	4	7	5	8	9	3	2
8	5	3	9	4	2	1	7	6
2	9	7	1	3	6	8	4	5

281

8	3	5	2	9	6	1	7	4
9	7	2	4	1	8	6	5	3
1	6	4	5	7	3	2	9	8
2	9	8	7	6	1	4	3	5
3	4	7	9	2	5	8	6	1
6	5	1	3	8	4	7	2	9
7	1	6	8	5	9	3	4	2
4	2	9	1	3	7	5	8	6
5	8	3	6	4	2	9	1	7

282

1	8	3	4	5	7	2	9	6
5	4	2	9	6	1	7	3	8
7	9	6	8	2	3	5	1	4
3	2	8	6	7	9	1	4	5
9	5	4	3	1	2	8	6	7
6	7	1	5	8	4	9	2	3
2	6	7	1	3	8	4	5	9
4	1	5	7	9	6	3	8	2
8	3	9	2	4	5	6	7	1

283

9	3	7	4	8	1	6	5	2
1	2	4	5	7	6	3	8	9
5	6	8	3	9	2	7	4	1
4	7	9	2	5	8	1	6	3
3	1	5	9	6	7	4	2	8
6	8	2	1	4	3	5	9	7
7	5	3	8	2	4	9	1	6
8	4	6	7	1	9	2	3	5
2	9	1	6	3	5	8	7	4

284

8	6	4	9	2	3	1	7	5
3	1	5	8	7	4	6	9	2
7	2	9	6	5	1	8	3	4
5	8	6	7	1	9	2	4	3
9	4	1	2	3	8	7	5	6
2	3	7	4	6	5	9	8	1
6	9	3	5	8	2	4	1	7
4	5	2	1	9	7	3	6	8
1	7	8	3	4	6	5	2	9

285

9	8	6	3	5	4	1	7	2
4	2	5	1	9	7	6	3	8
7	1	3	6	2	8	4	5	9
5	4	9	2	8	3	7	1	6
2	6	1	7	4	9	3	8	5
8	3	7	5	1	6	9	2	4
3	7	2	9	6	5	8	4	1
1	9	8	4	3	2	5	6	7
6	5	4	8	7	1	2	9	3

286

7	6	5	9	3	2	8	4	1
4	3	8	1	7	6	2	5	9
1	2	9	5	4	8	6	7	3
6	7	3	4	5	1	9	8	2
9	5	4	8	2	3	7	1	6
2	8	1	7	6	9	5	3	4
3	4	7	6	9	5	1	2	8
8	9	2	3	1	7	4	6	5
5	1	6	2	8	4	3	9	7

287

6	3	7	2	5	1	4	9	8
8	9	5	7	4	3	6	1	2
4	1	2	8	6	9	7	5	3
3	7	1	6	9	2	8	4	5
5	8	6	3	7	4	1	2	9
9	2	4	5	1	8	3	7	6
1	5	8	4	2	6	9	3	7
2	4	3	9	8	7	5	6	1
7	6	9	1	3	5	2	8	4

288

7	6	8	9	2	5	4	3	1
3	9	4	1	8	6	5	2	7
2	5	1	7	3	4	9	6	8
1	2	7	4	6	9	3	8	5
5	4	3	2	1	8	6	7	9
9	8	6	3	5	7	2	1	4
8	7	9	6	4	2	1	5	3
6	3	5	8	9	1	7	4	2
4	1	2	5	7	3	8	9	6

289

3	4	2	7	1	8	9	6	5
6	1	7	5	9	2	4	3	8
8	9	5	4	6	3	2	7	1
5	3	9	8	4	1	7	2	6
1	2	8	9	7	6	5	4	3
7	6	4	2	3	5	8	1	9
4	5	3	6	2	9	1	8	7
2	8	1	3	5	7	6	9	4
9	7	6	1	8	4	3	5	2

290

5	9	8	1	7	3	6	4	2
1	4	6	8	9	2	7	3	5
7	3	2	4	6	5	9	1	8
8	1	9	5	2	7	3	6	4
6	5	4	3	8	9	1	2	7
2	7	3	6	1	4	5	8	9
3	2	5	7	4	1	8	9	6
4	6	7	9	3	8	2	5	1
9	8	1	2	5	6	4	7	3

291

6	2	4	1	9	7	3	8	5
1	8	3	5	2	6	4	7	9
7	5	9	3	4	8	6	1	2
9	4	2	6	1	3	8	5	7
8	1	6	7	5	2	9	4	3
5	3	7	4	8	9	2	6	1
4	9	1	8	3	5	7	2	6
3	7	5	2	6	4	1	9	8
2	6	8	9	7	1	5	3	4

292

4	8	5	9	2	7	3	6	1
7	1	3	5	6	8	2	4	9
2	6	9	4	1	3	5	7	8
1	2	6	7	5	4	9	8	3
3	4	7	8	9	1	6	2	5
5	9	8	6	3	2	7	1	4
9	5	1	2	8	6	4	3	7
6	3	4	1	7	5	8	9	2
8	7	2	3	4	9	1	5	6

293

1	8	4	9	2	7	5	6	3
7	2	3	6	5	8	4	9	1
9	6	5	4	3	1	7	8	2
5	9	2	7	8	4	3	1	6
3	7	6	1	9	2	8	5	4
4	1	8	3	6	5	9	2	7
6	4	9	8	1	3	2	7	5
2	3	1	5	7	9	6	4	8
8	5	7	2	4	6	1	3	9

294

3	4	7	9	1	8	5	6	2
6	1	2	4	5	7	3	9	8
8	5	9	3	6	2	1	4	7
1	2	4	7	9	3	6	8	5
5	9	3	6	8	1	2	7	4
7	8	6	2	4	5	9	3	1
4	3	8	1	2	6	7	5	9
2	7	5	8	3	9	4	1	6
9	6	1	5	7	4	8	2	3

295

1	8	7	3	2	4	9	6	5
2	9	5	1	6	8	7	4	3
3	6	4	5	7	9	2	1	8
8	4	1	2	3	5	6	7	9
9	5	6	8	4	7	1	3	2
7	2	3	6	9	1	8	5	4
6	1	2	9	5	3	4	8	7
5	7	8	4	1	2	3	9	6
4	3	9	7	8	6	5	2	1

296

1	8	7	9	3	6	5	2	4
2	3	9	4	5	7	1	8	6
5	6	4	2	8	1	9	7	3
7	1	2	5	4	8	6	3	9
9	4	6	3	7	2	8	1	5
8	5	3	1	6	9	7	4	2
4	2	1	7	9	5	3	6	8
6	7	5	8	2	3	4	9	1
3	9	8	6	1	4	2	5	7

297

1	8	7	4	2	5	9	6	3
6	2	4	9	8	3	7	1	5
5	3	9	7	6	1	2	4	8
3	6	5	1	9	4	8	2	7
4	1	2	8	3	7	5	9	6
7	9	8	6	5	2	1	3	4
2	7	3	5	1	6	4	8	9
9	5	1	3	4	8	6	7	2
8	4	6	2	7	9	3	5	1

298

4	3	1	6	9	5	8	2	7
5	6	2	7	1	8	4	3	9
8	9	7	2	3	4	1	5	6
6	8	9	1	7	3	5	4	2
7	5	3	4	6	2	9	1	8
1	2	4	8	5	9	7	6	3
9	1	8	5	2	6	3	7	4
3	7	6	9	4	1	2	8	5
2	4	5	3	8	7	6	9	1

299

9	2	8	7	3	5	6	1	4
1	4	6	9	2	8	3	5	7
3	5	7	4	6	1	8	9	2
2	6	3	1	8	9	4	7	5
5	1	4	6	7	3	2	8	9
8	7	9	5	4	2	1	6	3
4	8	5	3	9	6	7	2	1
7	9	2	8	1	4	5	3	6
6	3	1	2	5	7	9	4	8

300

1	6	2	7	3	8	4	5	9
3	5	7	9	1	4	2	8	6
4	8	9	2	6	5	3	7	1
6	1	8	3	7	9	5	2	4
2	9	3	5	4	6	8	1	7
5	7	4	1	8	2	9	6	3
8	4	5	6	9	7	1	3	2
9	3	6	8	2	1	7	4	5
7	2	1	4	5	3	6	9	8

301

5	6	9	2	8	7	4	3	1
1	4	8	9	5	3	6	2	7
7	2	3	1	6	4	8	9	5
4	3	5	6	9	2	7	1	8
9	7	1	5	3	8	2	6	4
2	8	6	7	4	1	9	5	3
6	5	7	8	1	9	3	4	2
8	9	4	3	2	5	1	7	6
3	1	2	4	7	6	5	8	9

302

1	7	6	8	5	9	3	2	4
5	9	4	2	3	1	8	6	7
8	2	3	6	4	7	5	1	9
6	8	1	9	7	4	2	5	3
2	4	7	5	6	3	1	9	8
3	5	9	1	8	2	7	4	6
4	1	2	3	9	8	6	7	5
7	6	8	4	2	5	9	3	1
9	3	5	7	1	6	4	8	2

303

9	3	6	7	5	2	4	8	1
2	1	4	9	6	8	3	7	5
7	8	5	3	4	1	6	9	2
4	7	8	1	2	5	9	6	3
1	2	9	6	7	3	8	5	4
6	5	3	4	8	9	1	2	7
5	9	1	8	3	7	2	4	6
3	4	7	2	9	6	5	1	8
8	6	2	5	1	4	7	3	9

304

8	2	4	6	3	5	9	7	1
1	3	6	9	2	7	5	8	4
5	7	9	8	4	1	2	6	3
2	6	5	1	7	8	3	4	9
7	9	3	2	6	4	8	1	5
4	1	8	3	5	9	7	2	6
6	4	7	5	9	2	1	3	8
3	5	1	7	8	6	4	9	2
9	8	2	4	1	3	6	5	7

305

4	7	3	5	6	2	1	9	8
1	5	8	9	7	3	2	6	4
2	6	9	4	8	1	3	7	5
5	1	4	7	2	9	8	3	6
6	8	2	1	3	5	7	4	9
3	9	7	8	4	6	5	2	1
7	3	5	6	9	8	4	1	2
8	4	6	2	1	7	9	5	3
9	2	1	3	5	4	6	8	7

306

2	7	4	8	9	1	5	6	3
9	5	6	7	3	2	1	8	4
3	8	1	4	6	5	9	2	7
5	9	3	2	1	4	8	7	6
8	1	2	3	7	6	4	5	9
4	6	7	5	8	9	2	3	1
6	2	9	1	5	7	3	4	8
7	3	5	9	4	8	6	1	2
1	4	8	6	2	3	7	9	5

307

2	8	5	1	9	4	6	7	3
9	4	1	3	6	7	2	8	5
7	6	3	2	8	5	9	4	1
1	9	4	6	7	2	3	5	8
8	5	6	4	1	3	7	9	2
3	7	2	8	5	9	4	1	6
5	2	9	7	3	8	1	6	4
6	3	7	5	4	1	8	2	9
4	1	8	9	2	6	5	3	7

308

1	7	6	3	9	4	5	2	8
2	5	9	1	7	8	4	3	6
3	8	4	5	6	2	7	9	1
5	6	8	9	2	1	3	4	7
4	9	2	7	3	6	1	8	5
7	1	3	4	8	5	9	6	2
9	2	1	8	5	3	6	7	4
8	3	5	6	4	7	2	1	9
6	4	7	2	1	9	8	5	3

309

9	4	2	1	7	3	5	8	6
3	8	1	6	4	5	7	9	2
7	5	6	8	2	9	4	1	3
8	2	3	4	5	6	1	7	9
6	1	4	7	9	8	3	2	5
5	9	7	2	3	1	8	6	4
1	6	9	3	8	4	2	5	7
4	7	8	5	6	2	9	3	1
2	3	5	9	1	7	6	4	8

310

5	7	9	3	1	2	4	6	8
3	6	8	7	9	4	5	1	2
1	4	2	8	5	6	9	7	3
6	1	3	9	2	5	7	8	4
8	9	4	1	7	3	6	2	5
7	2	5	4	6	8	3	9	1
9	3	7	5	8	1	2	4	6
2	5	1	6	4	9	8	3	7
4	8	6	2	3	7	1	5	9

311

6	7	9	8	1	3	5	4	2
3	5	1	4	2	6	7	9	8
2	8	4	5	7	9	1	6	3
8	2	6	9	5	4	3	7	1
7	9	5	6	3	1	8	2	4
4	1	3	7	8	2	9	5	6
9	3	2	1	4	7	6	8	5
5	4	7	3	6	8	2	1	9
1	6	8	2	9	5	4	3	7

312

6	8	4	5	1	2	3	7	9
2	3	1	9	7	6	8	5	4
5	7	9	3	8	4	2	6	1
1	6	2	8	5	9	4	3	7
3	9	8	2	4	7	5	1	6
4	5	7	6	3	1	9	8	2
9	1	5	7	2	3	6	4	8
8	4	6	1	9	5	7	2	3
7	2	3	4	6	8	1	9	5

313

6	2	7	8	9	5	3	1	4
8	4	5	3	2	1	6	7	9
1	3	9	6	4	7	2	8	5
3	8	4	7	5	6	9	2	1
5	7	6	9	1	2	4	3	8
2	9	1	4	3	8	5	6	7
9	5	8	2	7	3	1	4	6
4	6	2	1	8	9	7	5	3
7	1	3	5	6	4	8	9	2

314

5	4	9	7	1	8	2	6	3
8	7	2	5	3	6	4	1	9
3	6	1	9	2	4	8	7	5
6	5	3	2	8	1	9	4	7
2	8	4	3	9	7	6	5	1
1	9	7	4	6	5	3	2	8
7	2	6	8	5	9	1	3	4
9	1	5	6	4	3	7	8	2
4	3	8	1	7	2	5	9	6

315

6	8	3	7	5	1	4	9	2
5	7	9	6	2	4	3	8	1
1	4	2	9	8	3	7	5	6
9	1	8	2	7	5	6	4	3
3	5	4	1	9	6	8	2	7
7	2	6	4	3	8	9	1	5
2	9	5	3	4	7	1	6	8
4	6	7	8	1	2	5	3	9
8	3	1	5	6	9	2	7	4

316

3	2	1	6	7	8	4	5	9
6	7	9	2	5	4	1	8	3
5	4	8	1	3	9	6	7	2
1	6	7	3	9	5	2	4	8
4	5	2	7	8	6	9	3	1
8	9	3	4	2	1	5	6	7
7	3	4	5	1	2	8	9	6
2	8	5	9	6	3	7	1	4
9	1	6	8	4	7	3	2	5

317

9	2	4	1	5	6	8	7	3
3	1	6	9	8	7	2	4	5
7	5	8	3	4	2	9	6	1
5	4	3	8	6	9	7	1	2
2	8	7	4	1	5	6	3	9
6	9	1	7	2	3	4	5	8
4	7	2	5	9	1	3	8	6
1	3	9	6	7	8	5	2	4
8	6	5	2	3	4	1	9	7

318

9	4	3	7	1	2	8	5	6
5	8	6	3	4	9	1	7	2
1	2	7	6	8	5	9	4	3
4	5	8	1	3	7	2	6	9
3	9	1	2	5	6	7	8	4
6	7	2	8	9	4	5	3	1
2	3	5	9	6	8	4	1	7
7	1	4	5	2	3	6	9	8
8	6	9	4	7	1	3	2	5

319

6	1	3	8	7	4	9	2	5
4	5	7	9	2	1	3	6	8
8	2	9	3	6	5	4	1	7
1	9	5	2	3	8	6	7	4
2	7	4	1	5	6	8	3	9
3	6	8	7	4	9	1	5	2
9	3	1	5	8	7	2	4	6
5	8	6	4	1	2	7	9	3
7	4	2	6	9	3	5	8	1

320

1	7	8	5	2	4	9	6	3
2	3	6	8	9	7	1	4	5
9	4	5	1	3	6	7	8	2
5	1	4	7	8	3	6	2	9
3	8	9	6	1	2	5	7	4
6	2	7	9	4	5	8	3	1
4	9	1	2	6	8	3	5	7
8	5	2	3	7	1	4	9	6
7	6	3	4	5	9	2	1	8

321

9	6	3	8	1	2	4	5	7
8	7	5	4	6	9	2	1	3
1	2	4	7	5	3	6	8	9
2	3	8	5	9	4	1	7	6
6	5	7	2	3	1	8	9	4
4	1	9	6	7	8	3	2	5
7	4	1	9	8	6	5	3	2
5	8	2	3	4	7	9	6	1
3	9	6	1	2	5	7	4	8

322

7	5	3	2	1	9	8	6	4
2	4	1	8	6	3	7	9	5
8	9	6	5	4	7	1	3	2
5	3	9	6	2	8	4	7	1
4	7	2	1	3	5	6	8	9
1	6	8	7	9	4	5	2	3
6	2	5	9	7	1	3	4	8
3	8	7	4	5	2	9	1	6
9	1	4	3	8	6	2	5	7

323

9	5	2	3	1	6	8	4	7
7	1	3	2	4	8	9	5	6
4	8	6	7	5	9	1	3	2
6	7	5	1	9	2	4	8	3
2	3	9	4	8	7	5	6	1
1	4	8	5	6	3	2	7	9
3	9	7	8	2	5	6	1	4
5	2	4	6	7	1	3	9	8
8	6	1	9	3	4	7	2	5

324

1	9	8	5	3	6	4	7	2
4	6	5	7	2	1	8	9	3
7	2	3	8	4	9	1	6	5
5	3	9	1	6	8	7	2	4
6	7	2	4	9	5	3	8	1
8	1	4	2	7	3	9	5	6
9	4	1	6	5	7	2	3	8
2	5	7	3	8	4	6	1	9
3	8	6	9	1	2	5	4	7